अंतर्मन की त्रासदी

मैं या हम

रवि अहिरवार

क्रम-सूची

पाठक के लिए

जल्दबाज़ी करने से बहुत सारी चीजें छूट जाती है। जीवन में धैर्य बनाए रखना बहुत जरूरी हो जाता है तब, जब कोई काम धीमी गति की मांग कर रहा हो। ये किताब भी धैर्य से पढ़ने की मांग करती है। अगर तेज़ गति से आगे बढ़ेंगे तो शायद मस्तिष्क में कुछ न जाए और कुछ चला भी जाए तो वैसा न जाए जैसा लेखक प्रस्तुत करना चाहता है।

इस पुस्तक में हर कविता और हर गद्य स्वयं में स्वतंत्र है। इनका किसी भी रचना से आपस में कोई संबंध नहीं। इसकी प्रत्येक रचना का स्वरूप एक दार्शनिक व मनोवैज्ञानिक दृष्टिकोण लिये है। किसी में प्रेम के आवरण पर चर्चा की है तो किसी पर सामाजिक जगत के नियमों पर, किसी पर मानसिक तनाव की बात की है तो किसी पर बाहरी जगत पर। आजकल के युवा विचित्र द्वंद्व में जी रहे हैं इसलिए इसमें अंतर्मन व अंतर्द्वंद्व के प्रश्न भी काफी मात्रा में है। ऐसे ही कुछ विषय का संकलन यह पुस्तक आपके समक्ष प्रस्तुत है।

मुझे ज्यादातर चीज़े सहेजकर रखना बेहद पसंद है। कुछ विचार मन में आए या फिर कोई कविता, तो मैं उसे किसी पुस्तक में सहजने की बात सोचने लगता हूँ। ज्यादा समय तक रह सके और अस्तित्व बना रहे, के विचार ने ही मुझे पुस्तक लिखने के लिए प्रेरित किया।

मैंने इस पुस्तक के माध्यम से अंदर निज में जो घट रहा है उसे आज़ाद कर दिया है। मैं आपकी प्रतिक्रिया का स्वागत करूँगा। धन्यवाद।

रवि अहिरवार
imraviah@gmail.com
Instagram - @imraviah

आमुख

हमारे दिमाग के दरवाजे खुले होने चाहिए। दूसरों के विचारों को हम सुनने को तैयार रहे। भले ही हम उनके विचारों से असहमत हो। लेकिन होता क्या है? कोई व्यक्ति हमारे विचार से सहमत नहीं होता है तो हम उसको दुश्मन मान बैठते है, उसके साथ झगड़ने लगते हैं , उसपे गुस्सा करते है आदि-आदि। ये सब कहना तो एक आम बयान होगा।

असल में हम दूसरे व्यक्ति के विचार को अपने अंदर आने ही नहीं देते हैं। हम जिस समाज, वातावरण, परम्पराएं और बहुत सारे विषय एवं सेकड़ो हज़ारों चीजें मौजूद हैं, और अपने जो विचार है इन सबके छोटे-छोटे टुकड़ो से मिलके उसने एक अलग रूप ले लिया है। हो सकता है अपने दिमाग में ये सभी चीज़े मिली-झुली हो लेकिन हमारा दिमाग मुख्य किसी एक चीज़ से बन गया है। जैसे कि जाति, भाषा या किसी विशेष वर्ग (नेता, अधिकारी, गांव का व्यक्ति आदि) के आधार पर निर्मित हो गया है। और इसमें जो मुख्य है वो ये कि किस वातावरण में हमारी परवरिश हुई।

परवरिश का मतलब ये कि हमारे जो विचार है अब वो आज़ाद नहीं रह गए हैं। हमारी परवरिश ने उसके स्वरूप का निर्धारण कर दिया है। उसकी आज़ादी को समाप्त कर दिया है। अब हम क्या करे? अब आपको लगता होगा कि कोई बात उस समय आपके दिमाग में क्यों नहीं आती? जब आनी चाहिए। तो इसका सीधा सा जो कारण है वो ये कि क्योंकि आपने अपने दिमाग के दरवाजों को बंद कर दिया है। तो बन्द कर दिया है तो बाहर खड़े जो नये विचार है वो दस्तक तो दे रहे हैं, लेकिन आप दरवाजा ही नहीं खोल रहे हैं। और जब विचारों को ये लगेगा कि, मैं जाता हूँ दस्तक देता हूँ मेरी कोई सुनवाई नहीं होती, दरवाजा ही नही खुलता है। तो वो दस्तक देना भी बंद कर देता है बात खत्म हो जाती है।

दस्तक बन्द कर देता है मतलब ये कि मान लेते है कोई व्यक्ति आपको कोई सुझाव दे रहा है कोई अपनी राय व्यक्त कर रहा है। लेकिन आप उत्तेजित हो जाते है उसकी बात को रिजेक्ट कर देते है। दो-चार

बार या कुछ समय तक वो करेगा लेकिन धीरे धीरे उसे लगने लगेगा कि आपसे कहने का तो कोई फायदा है नहीं। ये तो कुछ मानते या सुनते नहीं है। तो आपको सुझाव देना बंद कर देगा। भले ही वो आप से बातचीत कर रहा है, उसके दिमाग में बहुत अच्छे विचार भी आ रहे हैं लेकिन वो आपके सामने नहीं रखेगा। वो आपकी हां में हां मिलाने लगेगा, उसको क्या पड़ी है। वो अपने हिसाब से अपना जीवन जियेगा, आप अपने हिसाब से। और यही हम कर रहे हैं। सब अपने हिसाब से अपने विचारों से अपना जीवन जी रहे हैं।

अतः जब हम दस्तक की आवाज़ सुनना बन्द कर देते है तो सीधी सी बात है धीरे-धीरे दस्तक की आवाज़ भी आनी बन्द हो जाती है।

कुल मिलाकर ये कि हमने अपने दिमाग की स्वतंत्रता को समाप्त कर दिया है। और साथ में वो भविष्य में स्वतंत्र हो सके इसकी संभावनाओं को भी नष्ट कर दिया है। हम किसी की सुनना ही नही चाहते, हम अपने को ही सुनना चाहते हैं, अपने को ही सही सिद्ध करना चाहते हैं। तर्क के द्वारा भी और कुतर्क के द्वारा भी। और जब हम खुद को सिद्ध करने में लग ही जाते हैं तो हम ये भूल जाते हैं कि हम ये जो सिद्ध कर रहे हैं ये तर्क है या कुतर्क। क्योंकि हम उस सीमा को लांघ चुके होते है जब हम तर्क को पार करके कुतर्क के क्षेत्र में प्रवेश कर जाते है। पर हमें तो लगता है कि हम तो तर्क ही कर रहे हैं।

क्योंकि हारना हमे मंजूर नहीं है, हम हार नहीं सकते। हारना क्यों मंजूर नहीं है? क्योंकि हारने से आपके स्वाभिमान को ठेस पहुंचता है, हम दम्भी है। हम नहीं चाहते कि कोई हमारे स्वाभिमान को हमारे दम्भ को ठेस पहुंचाए। क्योंकि दम्भ से ही हमने अपनी पहचान जोड़ रखी है। हमारे दिमाग के दरवाजे पर दो जो सबसे खतरनाक किस्म के द्वारपाल बैठे हैं भाला ले करके। जिसको देखते ही दूसरे लोग डर जाते है वो दो द्वारपाल है; एक दम्भ या दूसरे शब्दों में घमंड या स्वाभिमान कह सकते है। और दूसरा है; अवधारणाएं। हमने अपने दिमाग में धारणाएं बना रखी है। ये बुरा है ये अच्छा है या ये कभी अच्छा हो ही नहीं सकता। हर चीज़ के बारे में हर घटना के बारे में हमारी अवधारणाएं बनी हुई है। तो ये अवधारणाओं ने हमारे दिमाग को बन्द कर रखा है और दम्भ ने तो इस

द्वार को बंद ही कर रखा है कि जिसके अंदर कुछ भी आ ही नहीं सकता। जब हम किसी को आने ही नहीं देंगे तो आने वाले का क्या दोष है। वो तो तैयार बैठा है। लेकिन आप आने देना नही चाहते। क्योंकि आपको डर लगता है, कहीं ये आ गया तो मेरी पहचान खत्म हो जाएगी, अपने बारे में जो झूठी तसवीर बना रखी है वो तसवीर चूर चूर हो जाएगी, जिसे आप बचाकर रखना चाहते हैं। तो दोस्तो, कुछ सीमा तक जो दोषी है हम खुद ही है।

रवि अहिरवार

प्रतीक

कितना कुछ लिखा जा चुका है
इस संसार में
देखा न! ये भी उसी में शामिल हो गया।
So much has been written in this world.
See! it also got involved in that.

रवि अहिरवार

1

भाग - एक (कथेतर)

Development
inspired by selfishness
cannot be wrong.

<u>आश्चर्य खत्म, महत्व खत्म</u>

मानसिकता के शिकार

सामाजिक सोशल मीडिया ने हमारी जीवन शैली को बदल दिया है। दूसरों का नज़रिया हमपर कैसा होगा, का आकर्षण बढ़ता जा रहा है। वास्तविकता दूसरों पर निर्भर रहने लगी है। हम अपनी पहचान दूसरों के इर्द गिर्द घुमाते रहते हैं, किसी एक के साथ कुछ, तो अन्यों के साथ विभिन्न। उन्हीं को तोड़ मरोड़ करने से स्पष्टता गायब हो गई है।

भारतीय समाज की संरचना में निम्न स्तर के लोगों की कुंठित मानसिकता यहाँ पर ज्यादा दिखाई पड़ती है, जहाँ कुछ लोग स्वयं को और ज्यादा निम्नतर दृष्टि से दृश्यमान प्रतीत होने का अहसास उच्च स्तर के लोगों पर डालते हैं। उन्हीं(निम्नस्तर) का नज़रिया और जीवनशैली का बदलता स्वरूप ही मध्य में कहीं अटक जाता है। उच्चस्तर का एक उदाहरण सफल लोगों का भी ले सकते हैं और निम्नस्तर - असफल।

आज सोशल मीडिया से फैलाव ज्यादा हुआ है, एक ही स्थान पर सब लड़ मर रहे हैं, विचारों के स्तर पर, जीवनशैली के स्तर पर और बढ़ते हुए आकर्षण परैं। उच्च स्तर की क्रियाकलापों से भी प्रभावित लोग बड़ी विचित्र शंका में प्रवेश कर चुके हैं। वो इन सबमें फस गए या फसने के दौरान किसी ने ध्यान नहीं दिया?

एक शुद्ध व स्वस्थ समाज निर्माण के लिए विवादों का निपटना बहुत जरूरी हो जाता है तब जब आप एक ऐसे समाज की कल्पना करते हैं जिसमे सब समान है: बंधुत्व की भावना रहे और हिंसा की जगह न हो। पर यहाँ तो अस्तित्व और वैमनस्यता ने ही सबको सीमित कर दिया है।

विवादों के वैविध्य ने ही, ये निपट सके की प्रक्रिया को और ज्यादा जटिल कर रखा है। पर इस जटिलता में क्या यह सम्भव है? शायद कुछ हद तक तो नहीं।

पुराने सामाजिक नियम चल नहीं पा रहे और नए नियमों पर विश्वास डिगा हुआ है, और पक्ष विपक्ष में ही उलझे हुए हैं। तो फिर क्या करे? और ये 'क्या करे' का विचार किसपे डालें। डिगा हुआ विश्वास ही किसी के पक्ष से सन्तुष्ट नहीं हो पाएगा। और उलझन वैसी ही स्थिति में रहेगी।

संवेदनाओं का मरना

परिस्थितियां बड़ी ही चालाक होती है, अचानक आकर दबोच लेती है और बिना बताए चली भी जाती है।

जब मैं छोटा था तो मम्मी-पापा कभी मुझपे चिल्लाते थे और कभी-कभी मारते भी थे तो उस वक्त मुझे मेरी गलती नहीं दिखती थी और सोचता था कि अगर मैं मर जाऊं तो मम्मी-पापा बहुत रोएंगे। और मैं ऊपर से आत्मा के रूप में ये सब देख रहा होंगा, ख़ुशी-ख़ुशी।

ये एक बचपना-सा ख़्याल शायद सबके जीवन में आता होगा, चाहे थोड़ा ही सही।

अब मम्मी-पापा का डाँटना, चिल्लाना और मारना दिखाई नहीं देता। और वो बचपन की आत्मा, जो ऊपर हमेशा से बैठी है कभी खुश नहीं दिखी। वो बस मेरे मरने के इंतजार में है, जो अब शायद कभी नहीं होगा।

अब मेरी संवेदनाएं जैसे मर चुकी है, मुझे अच्छा या बुरा कुछ भी एहसास नहीं होता। जैसे लहरों का उठना और गिरना अब दूर दूर तक नहीं दिखाई देता। बस शांत लहरों का समुद्र ही दिखाई देता है। शायद ये सब तर्क की दुनिया में प्रवेश करने से हुआ है।

इस तर्क की दुनिया में एक राजा होता है, जिसकी प्रजाएँ अंधविश्वासी है जो कुतर्कों की तरह दिखती हैं। और राजा ने मुझे अपना एक मंत्री पद सोंप दिया है बस उसी के आदेश का पालन करना होता है।

एक दिन मैं राजा के कहने पर जनता के सामने गया, एक आदेश को लेके। लेकिन भीड़ इतनी थी कि मैं ठीक से कुछ बोल भी नहीं पाया। और अपनी लड़खड़ाती जबान में मैं आदेश के हिस्से का कहीं से कुछ भी बोले जा रहा था। जनता को जितना समझ में आया वो यही कि राजा का आदेश बड़ा ही दुरुपयोगी है। जिससे भीड़ भड़क उठी और मैं जल्दी से सेनाओं के संरक्षण में वहाँ से जैसे तैसे निकल आया। मुझे बाद में बताया गया कि जब मैं वहाँ पहुँचा तब तक वह दुनिया का लोकतांत्रिक क्षेत्र बन

चुका था...

तभी से मैंने उस राजा का मंत्री पद छोड़ दिया, पर तर्क की दुनिया से बाहर नहीं निकल सका। संवेदनारहित मैं यहाँ वहाँ भटकता रहता एक नया पद तलाशने के लिए... जो सिर्फ संवेदनाओं से जुड़ा हुआ हो। और उसमें वो ऊपर वाली आत्मा की अवधारणा न हो।

नीरस सी दुनिया

जब कभी बीच में कुछ बात होती है तो हम हँस पड़ते, बहुत ही अजीब सी हँसी के साथ। एक शिकायत मन में जगह बना रही थी कि साथ हम रहते हैं और अपनी-अपनी नीरस ज़िंदगी में चुप-चुप से अपने कामों में व्यस्त हैं, शिकायत इस बात की यह काम कब खत्म होगा? कब हम ठीक से बात करेंगे? कब हम सहज स्थिति में पहुचेंगे? एक दिन मैंने कोशिश की बात करने की, और ऐसे ही कुछ भी बोलने लगा यहाँ वहाँ की बातें। कुछ वाक्यों के बाद मन में आया 'कि अब! अब क्या बोलूँ?' और दोनों के चेहरे पर असहजता पसर गई।

फिर अपनी उस नीरस सी दुनिया में जाने के लिए बेताब होने लगे। जब उस दुनिया में पहुँचे तो मन ने एक आह भरी... जैसे किसी चीज़ से मुक्त महसूस किया हो।

और दोनों अपने-अपने मोबाइल में घुस गए।

...

मैं कबसे ऐसे ही संसार की कल्पना कर रहा था, जो मेरे लिए बहुत अकेला हो, कोई मुझे छेड़े न, मुझे हिलाए डुलाए न। पर वो एक दिन आ भी गया। और तब मुझे एहसास हुआ कि सांसारिक जीवन कितना विचित्र है। हम बेमतलब ही शायद वैसी कल्पना कर रहे हैं जिनका इस वक्त असल में कोई अर्थ नहीं है। सिर्फ समय बर्बादी के और कुछ नहीं।

अंतर्मन का कोलाहल

मैं अंतर्मन में जी रहा हूँ, असल में जिसका कोई मतलब नहीं। और इसका परिणाम बाहरी परिवेश में दिखाई दे रहा है। बहुत ही नीरस... विसंगत...

अच्छे बनने की चाहत में हम कितना कुछ बुरा न होना छोड़ते चलते हैं। किसी के आने की खुशी में, उसके जाने के ठीक पहले तक उसे ही सब कुछ मान लेते हैं। मुझे हमेशा से लोगो की सांत्वना लेने की आदत हो चुकी है, और दूसरी तरफ किसी के होने न होने का फ़र्क न पड़ने का टैग लगाए घूमता रहता हूँ। विसंगति में अक्सर देखा गया कि मेरे साथ सब कुछ एक चरम पर घट रहा होता है। कभी भी एक जगह नहीं टिक पाया। पुराने जिए हुए का याद आना एक तरह से वर्तमान पर काफ़ी प्रभाव होते देखा है, बेमतलब ही।

रात की घटनाओं का होना, अगली सुबह की दस्तक की आवाज़ में गूंजने लगती है। सुबह होते ही रात का जिया सब कुछ धुंधला हो जाता है और फिर से रात का इंतजार पूरे दिन खलता रहता है। कुछ दिन से मैंने रात का होना सुबह में तलाश लिया है, जिससे कि दस्तक की आवाज़ न आए और रात ठीक से गुजर जाए, पर ऐसा कुछ नहीं हुआ।

रात हमेशा किसी के आने की उम्मीद जगाती है, सुबह होते ही उम्मीद का धुंधला हो जाना, रात पे विश्वास न करने की वजह में तब्दील हो जाती है। अंतर्मन का कोलाहल बातों के जंजाल में फसता चला जाता है, और नीरसता के आंकड़े आसमान छू रहे होते हैं।

वंचना का दुःख

हम सब चाहते हैं प्रेम में पड़ना, शायद कुछ हद तक। पर हम बता नहीं पाते या बताना नहीं चाहते कि हमें भी प्रेम चाहिए या कोई हमसे भी प्रेम करे, हमारे बारे में बात करे या हमसे हमारी बात करे। लेकिन इस वैकल्पिक संसार में चुनने की प्रक्रिया को कठिन कर दिया है।

ज़ेहन में कई सारे सवालों के बीच एक सवाल और आता है कि 'क्या हो जाएगा? अगर मैंने प्रेम किया तो।'

बाहरी परिवेश और शारिरिक व सामाजिक बदलाव के साथ भावनाओं के इस बदलते स्वरूप ने ऐसी इच्छाओं को प्रबल कर दिया जिसमें स्त्रियों की स्वीकारोक्ति भावना धीमी पड़ गई है। इस पृथ्वी पर हर जीव, हर प्राणी अपने किसी सहयोगी की तलाश में भटक रहा है, जो अपने मन में बनाए गए दृश्यों को ही उसपर थोपना चाहता है।

इन सबके साथ ही वंचना का दुःख भी तेज़ी से बढ़ रहा है। हम जीवन में किसी चीज़ का अभाव महसूस कर रहे हैं। भावप्रेरित अभाव के साथ चलते चलने के साथ ही, गर्त में धकेले गए नहीं रहना चाहते हैं। क्योंकि भावनाओं के वैविध्य ने ही इस वैकल्पिक संसार में चुनने का माध्यम भी अस्पष्ट बना रखा है। तो फिर हम कैसे उस सहयोगी को ढूंढे, जिसपर थोपने की भावना दृश्यमान न हो! और जिसमें स्त्रियों की स्वीकारोक्ति भावना पुरुषों की भांति समान हो।

लिखने की ख़ुशी

ख़ुश रहने में भी एक ख़ुशी है, जो मुझे लिखने से आती है। लिखने से पहले वो शब्द मेरे आस पास घूमते रहते हैं ख़ुशियां लिये... और मैं उन्हें पकड़ने के लिए हाथ पैर मरता रहता हूँ। जब एक साथ मेरे सामने वो सब शब्द खड़े रहते हैं, तो कहीं से दुःख, ये सब देख रहा होता है। ये लिखने के ठीक पहले की अवस्था होती है।

फिर सोचता हूँ, जो शब्द खड़े हैं; क्या सच में वो स्वयं में ख़ुश है या मैं ही उन्हें जबरजस्ती पकड़ रहा हूँ। और इसी द्वंद्व में वो शब्द छितराने लगते हैं और मेरे लिखने की ख़ुशी भटकने लगती है, और दुःख बगल में खड़े होकर हँसने लगता है।

आज़ाद पक्षी

असीमित आसमान में एक आज़ाद पक्षी उड़ रहा होता है, और हम उस पक्षी की झूठी कहानियां दूसरों को सुनाते रहते हैं कि वो पक्षी मैं हूँ; एक शून्य सा, अकेला सा, जिसे दुनिया ने छिटक दिया है, सहानुभूति की भूख से लिप्त। हम सुनने वाले की आँखों में हमारे पक्षी की कहानी को सच होना देखते हैं, उसमें तलाशते हैं हमारी झूठी पक्षी की कहानी। दूसरों के चेहरे पर चमक दिखते ही हम उस वास्तविक पक्षी जैसे बनने की उम्मीद को खो चुके होते हैं, झूठी कहानी सुनाके। और हमारा कभी भी पक्षी बनने का सपना बस एक झूठा सपना बनके रह जाता है, एक कहानी की तरह।

सहानुभूति

किसी के चले जाने की कष्टदायक कुलबुलाहट, अंदर एक जगह कर रही होती है। जो जाना चाह रहा है, हम उसे बताना चाहते हैं कि मुझे ज्यादा दुःख हुआ है और हम नहीं छोड़ना चाहते उसे, क्योंकि वो चला गया तो उसे पता कैसे चलेगा कि हम उससे ज्यादा दुःखी हुए, ज्यादा रोए।

असल में देखा जाए तो जानबूझकर दूसरों से उपेक्षित या बेचारा होने से सहानुभूति नहीं मिलती। जब ऐसा करने की कोशिश करते हैं तो हमारी वाष्प की तरह झूठी शान उड़ने लगती है और सहानुभूति दूर खड़ी इन्तजार कर रही होती है कि कब कोई आए और मेरे झूठे बने पुल को अपनी गिड़गिड़ाहट से तोड़ दें।

छूटती हुई चीज़ों को रोक लेना ही हमारी आदत में बन चुका है। हमारा दुःख उससे बड़ा है, यही साबित करने में लगे रहते हैं। यह तो बस उस वक्त, वह समय मन्द गति में चलता दिखाई देता है, इसलिए यह सब होता है। कई साल बाद जब किसी को किसी से कोई मतलब नहीं होगा, तब हमारी यही हरकत हमें खुद बुरी लगने लगेगी कि हम कैसे थे, किसके लिए मर रहे थे, किसके लिए इतना रो रहे थे। यही सब घटनाओं को सोचकर हमें हँसी आने लगेगी।

स्वाभिमान की रक्षा

हम अगर किसी बात में थोड़ा सा भी एक तरफ झुके या सामने वाले व्यक्ति को हल्का सा भी आभास हुआ कि हमारी चोरी पकड़ाने वाली है तो हमारी बात का अर्थ खत्म हो जाएगा और वो उठकर भाग निकलेगा जिसके सामने हम बात रख रहे हैं। क्योंकि उसको अपने अस्तित्व की रक्षा करना पसंद है।

उसकी रक्षा होते ही हम बैचेन हो जाते हैं, हम अपने अस्तित्व की रक्षा नहीं होने का बोझ उसपे डालने की कोशिश करते हैं और तब तक वो हमारी तरक़ीब समझ चुका होता है।

फिर हम एक तीखी सी बात का तीर उसपर छोड़ते हैं, और उसपर लगते ही वो पलट जाता है। उसे अपना स्वाभिमान याद आता है और वो उस तीर का जवाब देने के बजाए हमसे प्रश्न पूछता है कि इस तीर का कोई कारण है? और हम वहाँ से भाग जाते हैं बिना उत्तर दिए ही, क्योंकि उत्तर दिया तो हम भी उसी कड़ी को दोहरा रहे होंगे जो इसी बात का शुरुआती हिस्सा है।

असल में हम सब अपने लिए एक सुरक्षित बचे रहने की जगह तक, बात को खत्म कर देना चाहते हैं। सुरक्षा का आभास होते ही हम अलग होने में जुट जाते हैं। लेकिन, अलग होते ही बैचेनी और बढ़ जाती है फिर हम वापिस लौटने की फ़िराक़ में चुपके चुपके से देखने लग जाते हैं उसे, जिसको हमने उसी अवस्था में छोड़कर भागे थे।

जब हम जानबूझकर छुपते है तो 'पूरे तरीके से न छुप जाए' का डर आते ही हम कुछ सुराग छोड़ने की कोशिश करते हैं। क्योंकि अगर वो ढूंढ़ रहा होगा तो हमें पता रहे कि कोई हमें ढूंढ़ रहा है।

असल में हम जाना भी चाहते हैं और नहीं भी। इस 'नहीं' का उत्तर अंत की ख़ुशी में छिपा है। अगर कोई फैसला हम करे तो कुछ हद तक खुश रह सकते हैं। लेकिन सामने वाला बिना बोले ही हमारी बात मान लें, तो मन में अजीब सी खुंदक रह जाती है कि कुछ बोला क्यूँ नहीं। यही से यह सब बात का चक्र चलता रहता है और इंसान सुख-दुःख में ही झूलता

रहता है।

एक आकृति

जाना एक क्रिया है और चले जाना एक भाव। एक के बाद एक मैं सबसे मिलता गया, खुद सबसे जोड़ते हुए मैंने पाया कि सब हर एक को पहले से ही जानते थे, और मैं इससे अनजान था।

आसपास गाड़ियां, लोग, भीड़... मैं सबसे बात करता दिख रहा था। मैं मन ही मन में एक अभिनय की तलाश में था जो इस वक्त घट जाना चाहता था। फिर सब छितरा गए, मैंने देखा सामने से एक आहट-सी या यूँ कहूँ भ्रम-सी आकृति आने लगी, मैंने उसमें समा जाने का सपना देख लिया। सपनों की दिक्कत यही है, जब वह घट रहा हो तो बीच में ही उसके होने का पता चल जाता है।

मैंने उस आकृति को आने दिया, भ्रम में नही, सच में। और मैंने पाया वो आकृति मेरे सामने मुझे झकझोर रही है, और मुझे सब धुंधला दिख रहा था शायद सुनाई भी धुंधला ही दे रहा था। वक्त बीत गया मैंने मुझे एक पलँग पर पाया, आसपास शोर मचा हुआ था। अरे, अस्पताल! मैं झटके से उठा, मैंने देखा कि वो आकृति आसपास कहीं नहीं थी। मुझे शायद चक्कर आ गए थे, इसलिए मैं यहाँ हूँ।

शाम को मैं घर आ गया था, नहीं घर नहीं! इसको घर नहीं कह सकते, मैं तो यहाँ अकेला ही रहता हूँ ये तो कमरा है। घर तो गाँव में है जहाँ माँ है.. पापा है...।

मुझे याद है मैं बहुत दिनों से घर नहीं गया।

कमरे पर पहुंचते ही फ़ोन आया... शिरीन का। मुझे वो आकृति वाली बात शिरीन को बतानी थी।

'हेलो।'..

'हेलो, राजीव।'

'हां, शिरी।'

'अब तबियत कैसी है?' शिरी की आवाज़ में मंदी थी।

'पहले से ठीक है।'

'अच्छा सुनो, मैं कल जा रही हूं, पता नहीं कब वापसी होगी।'

'क्यूँ...?' मुझे पता था शिरी कहाँ जा रही है।

कुछ देर हम दोनों चुप रहे, शिरी ने कहा 'अपना ख्याल रखना।' और फ़ोन कट गया।

मेरे सामने उस दिन का दृश्य आ गया जब मेरी शिरी से लड़ाई हुई थी। लड़ाई नहीं कह सकते, बस एक बात को लेके झगड़ा हो गया था। उस दिन से शिरी मुझसे नाखुश सी रहती थी। और अब... अचानक उसने जाने को कहा तो उस दिन की बात बेमानी सी लगी।

अचानक याद आया कि मुझे अभी शिरी से मिलने जाना है। मैं जल्दी से भागा... और...., और... शायद मैं भाग नहीं पा रहा था। शरीर पूरा पानी से भीग गया था, वो पानी नहीं था। शायद कुछ और ही जिसे बह जाना था। मैंने लोगों से मिलना बंद कर दिया था, और अब शिरीन भी जाने वाली है शायद हमेशा के लिए।

कुछ देर बाद खुद को मैंने शिरी के घर के सामने पाया। फिर... पता नहीं उस वक्त क्या हुआ मैं शिरी से मिलने ही नहीं गया और चुपचाप कमरे पर वापिस आ गया, शायद अब कभी भी ना जाने के इरादे से। और उस आकृति की तलाश में चल पड़ा।

अराजकता

एक दिन जंगली न हो जाए, का डर हमारे नाखूनों के बढ़ने में दिखाई दे रहा है। अराजकता का सुख उन लोगो को ज्यादा मिलेगा जो कामचोर है, जो नियमों के उल्लंघन से खुश हो जाते हैं। इसी क्रम में भाव-जगत का पतन भी ह्रास होने लगेगा। साथ में आज़ादी का ग्राफ बढ़ने लगेगा, क्योंकि अराजकता में आज़ादी ही आज़ादी। क्या ऐसी आज़ादी आज के संदर्भ में उचित है?

हम दिनबदिन हमारी आदतों में नयापन ढूंढ रहे हैं, पुराने जमाने जैसी बातें आजकल अपना स्थायित्व लिये, नयेपन को चुनौती जैसा दिलासा दे रही है। पुराने और नए की लड़ाई में बीच का हिस्सा एक युद्ध जैसा लगने लगता तब जब कुछ लोग वहीं पर अटके हुए हो और कुछ अभी में जी रहे हो।

विचारों का संघर्ष यह कोई नया पड़ाव नहीं है, ये तो चली आ रही सभ्यता के विकास क्रम का एक अध्याय है, जिसे सबको पढ़ना है। और जो नहीं पढ़ रहे हैं, अभी के लोग उन्हें आविकासी मानसिकता, का कह कर पुकार रहे हैं। इस सामाजिक विषमता का बोझ सबसे ज्यादा किसपे रहेगा? उसपर, जिसे समाज ने छिटक दिया है या जिसने खुद को छिटक लिया है जानबूझकर।

कभी दुःख भी जरूरी

अगर हमेशा ख़ुशी रहेगी तो हम लोग एक दूसरे को उतना नहीं जान पाएंगे या उतना नहीं समझ पाएंगे, जितना दुःख में समझते हैं। दुःख में एक जगह रहती है, किसी को अपने निज में आने देने की। एक हस्तक्षेप रहता है और जानने की कुलबुलाहट रहती है। स्वतः सबकुछ जान लेना, स्वयं के घटित जीवन का परिणाम होता है। सशर्त घटना दुःखयुक्त रही हो।

दुःख के नष्ट होने से, ख़ुशी कैसी दिखती है? ये कभी पता नहीं चलेगा और इंसान एक मशीन बनकर रह जाएगा, जो भावहीनता की तरह होगी। मानवीय संवेदनाओं में, यह समझ पाने की प्रवृति का होना, बहुत जरूरी है।

यथार्थ

सब हारने को तैयार है। एकांत ही एकमात्र विकल्प है, जहाँ अंदर झांककर खुद के बनाए गए घर को कभी पूरा स्वरूप होना नहीं देख पाएंगे। हार, उस नहीं बने घर की है जो हमें आईना दिखाती है कि घर नहीं बनेगा और हम झूठी दुनिया जी रहे होंगे।

आईना, डूब चुका होगा।

यथार्थ, आईने को ढूंढ रहा होगा।

आईना कल्पना है,

सपना है,

भविष्य है।

यथार्थ, शून्यता है,

मृत्यु है,

अनैतिकता है।

पक्ष विपक्ष

मिति, विश्वास और मैं। हम तीनों एक चाय की टापरी पर चाय पी रहे थे। मैं और मिति बैठे हुए थे, विश्वास खड़ा रहा, बैठने की जगह थी, लेकिन उसकी इच्छा। बग़ल में ही एक धार्मिक स्थल का निर्माण चल रहा था। मिति का ध्यान उस स्थल की तरफ था।

"ये बनाना जरूरी है क्या?" मिति ने कहा। मैंने और विश्वास ने उसकी ओर देखा। फिर उसने आगे कहा "इससे अच्छा अस्पताल या स्कूल बना देते, कम से कम ज्ञान का विस्तार और स्वास्थ्य में बेहतरी की ओर समाज जाता।" मैं चुप था, लेकिन मिति की बात मुझे तर्कपूर्ण लगी।

"कितनी नीरस बात है यार।" विश्वास ने थोड़ा गंभीर स्वर में कहा "इनसे कितने गरीब और आस्था को सहारा मिलता है। यह हमारी संस्कृति का हिस्सा है। आंतरिक शांति का प्रमुख स्थान, जहाँ पर लोग अपनी सुख शांति की उम्मीद लिये जाते है। अगर कोई किसी उम्मीद की वज़ह से जी रहा हो तो इससे बड़ा और क्या हो सकता है।" इतना एकदम से कहकर विश्वास चुप हो गया। मुझे विश्वास की बात भी तर्कपूर्ण ही लगी। मैं बैठा हुआ दोनों को सुन तथा देख रहा था।

"ग़रीबी का सहारा यह स्थल है, वो इसीलिए क्योंकि उनको अच्छी शिक्षा नहीं मिली। अगर मिल जाती तो यहाँ भटकना नहीं पड़ता।" मिति की बातों अब गंभीरता सहित गुस्सा झलकने लगा। मुझे इस बार भी मिति की बात उचित लगी। मैं किस पक्ष में रहूँ? मैं इसी पसोपेश में रहा।

"तू भी कुछ बोल। तुझे क्या सही लगता है?" विश्वास ने मुझसे कहा।

हम सबसे ज्यादा उस पक्ष में होते हैं, जिसके बारे में हम ज्यादा जानते हैं। और हमारा पक्ष, जानने के बदलाव के साथ और समय के बदलते स्वरूप में बदलता रहता है। अभी हम जिस चीज़ के पक्ष चल रहे हैं, शायद बाद में उसके विपक्ष में भी हो सकते हैं। तो फिर जितना जानते है उसके ही पक्ष में चलें या कितना जानना सही है, के मानक का इंतजार करे और ये मानक निर्धारित कौन करेगा! अगर कोई निर्धारित कर भी

देगा तो यह कितना प्रत्याभूत है कि हम उसे मानने को बाध्य ही रहे। शायद मानने का माप हमारे फ़ायदे से निर्धारित हो सकता है लेकिन कुछ फ़ायदे तो समाज के नियमों के इतर भी हो सकते हैं जो कि सर्वमान्य नहीं।

मैं इस बात पर ज्यादा दिमाग खराब नहीं करना चाह रहा था। मेरी सोच का अंत, प्रतिशत अधिकता पर छोड़ दिया। जहाँ जितना ज्यादा प्रतिशत लोग जो मान रहे हैं, वही मान लेना चाहिए, बहुत सारे उपायों में से यह ज्यादा सही साबित है।

छद्म आत्मसंतुष्टि

तठस्थता

असल में पता है.!

* सब दुश्मन बन सके, इसकी एक सीमा बना दी गई है। उस सीमा पर पेर रखते ही दूसरी तरफ जो व्यक्ति है वो हमारा दुश्मन। कितना आसान हो गया है दुश्मन बनना!

* अदृश्य सी चीज़, भौतिक जगत में कितना प्रभाव डाल सकती है! यह होते दिख रहा है। सब कुछ धीरे-धीरे कितना अजीब तरीके से बदल रहा है।

* तीन तरह के व्यक्ति इस दुनिया में अस्तित्व की लड़ाई से जूझ रहे हैं; एक इस तरफ, दूसरे उस तरफ और तीसरे जो दोनों की तरफ नहीं है।

* भारत देश अति संवेदनशील देश है, इसमें अतिभावनायुक्त व्यक्ति ही इस देश को बर्बादी की तरफ धकेल रहे हैं।

* निरपेक्षता के सिद्धांत से भिन्न व्यक्ति, पहले धर्म देखता है फिर जाति। इंसानों ने इंसानों को इंसान की तरह देखना बन्द कर दिया है।

* तठस्थता, एक भावनाहीन विचार है। और किसी एक तरफ होना, भिन्न पक्ष के दुश्मन बन जाना है।

बीच का हिस्सा

मैं उस दुःख और सुख की कामना करूँगा, जब मैं तुमसे मिलके दूर जा रहा होंगा। तब उस समय जो दुःख की अनुभूति होगी, उसी वक्त तुम मेरे सामने आ जाना, अगर वो अनुभूति सामने आने के बाद गायब हो गई तो मैं चाहूँगा कि दूर रहने और पास से जाते हुए, उस बीच के हिस्से को मैं मेरे साथ ही बांध लूँ।

बांधने की कोशिश में, मैं देखूंगा कि वो जो बीच का हिस्सा है, वास्तव में वो फिरसे मिलने का ही बीज है। और मैं बेवजह ही उस बीज को बांधने की कोशिश कर रहा हूँ। शायद वो बीज कभी भी किसी के भी पकड़ में नहीं आएगा। अगर आ गया तो, शुरुआत में जो सुख-दुःख की कामना की, वह व्यर्थ ही जाएगी।

...

'मैं जा रहा हूँ।'

'क्यूँ जा रहे हो।' उसकी आँखों में आँसू थे।

'जाना तो पड़ेगा ही।' मैं न रोने का अभिनय कर रहा था।

मुझे ऐसे देखकर वो चुप हो गई और मुझसे कहा 'इधर देखो!'

मैंने उसे देखा तभी आंसू निकलकर गिर गया। उसने मुझे एकदम से कसके गले लगाया और दोनों रो पड़े। फिर मैंने कहा 'चलो चलता हूँ ट्रेन चालू हो गई।' फिर हमने एक दूसरे को अलविदा कहा।

वो चेहरे से जबरजस्ती हँसने की कोशिश कर रही थी, पर उसकी आँखों में हँसी दूर दूर तक नहीं दिखाई दी। आँखे, दिमाग में चल रही बातों का परिणाम होती है। इस वक्त उसकी आँखें बहुत कुछ कह रही थी। और मैं जा रहा था।

कुंठित मानसिकता

कितना बड़ा डर है! किसी चीज़ के अभाव को महसूस करते चलना। छद्म(झूठे) अभाव के पीछे पड़ना। मस्तिष्क से; छूट चुके हुए दिखना। किसी के द्वारा पटक दिए गए जैसा व्यवहार करना। ये डर ही तो है जिसमें हम एक चली आ रही रेखा से बाहर फेंक दिए गए न बन जाए। जिसका सुख सिर्फ़ अदृश्य है और अभौतिक।

असल में अभाव का अर्थ यहाँ, एक खुंदन्स में जीना है; एक दबाव में किसी के द्वारा बनाए गए सही काम को करते रहना है। लेकिन मस्तिष्क में उस अभाव को पालते चलने में, हो रहे दुःख और असफलताओं से उत्पन्न होता एक ऐसा अभाव जड़ पकड़ रहा है जो बाकि सब लोग वो कर रहे हैं जो हम करना चाह रहे थे लेकिन एक छद्म आत्मसंतोष(false complacency) और कुंठित मानसिकता से उससे दूर खड़े वो सब देख रहे हैं, और कुछ कर नहीं पा रहे। यही कुंठित मानसिकता है जो हमें वहाँ तक पहुंचने में रोक रही है और इसी से डर पैदा हो रहा।

<u>इतना भी नहीं सोचना था</u>

मैं बार बार 'कुछ भी उत्साह जैसा नहीं चल रहा जीवन में', के दुःख को नोचता रहता हूँ। और कहता दिखता हूँ कि 'यार कैसी लाइफ हो गई है!'

अपनी ही बातों को सही साबित करने की ज़िद ने एक तरह से दूसरों को नहीं सुनने का अभिमान लिये मैं जीता दिख जाता हूँ। क्योंकि कहीं मैं हार न जाऊँ का डर, धीरे-धीरे मेरी गतिविधियों में दौड़ रहा होता है और मेरी गतिविधियों का बोझ भी मैं झेल नहीं पा रहा।

मैंने खुद ही बहुत सारी चीज़ों में एक प्रयोग बतौर निर्देशक का काम किया है, जिसकी अभी तुरन्त जरूरत नहीं थी। इन्हीं क्रियाओं ने मुझे बोझिल बना रखा है, बिना कोई अर्थ लिये। स्थितिजन्य व्यथा से ही मैं समय समय पर उत्साह ढूंढने की लालसा करता दिख जाता हूँ, जो कि कभी नहीं मिलता। और मेरा सोचना बरकरार चलता रहता है, बेवजह।

आलस्य और अराजकता

अंदर से हम सब नंगे है। कपड़ो से, विचारों से, बातों से और उन बातों के रहस्यों से।

शरीर में कपड़ों से, अंदर की सब चीज़े ढकी हुई है या ढकाई गई है। बहुत से कारणों में से एक यह कि सामाजिक क्रूरता और आक्रामक रुख ने, कपड़ो का अविष्कार कर दिया। और अंदर का सब कुछ एक रहस्य की तरह ढक दिया गया। रहस्य से आश्चर्य उत्पन्न हुआ, और आश्चर्य से उस रहस्य का महत्त्व। जिस दिन वो रहस्य दिखेगा, आश्चर्य खत्म, तो महत्व भी खत्म।

वास्तव में हम कैसे है वो सिर्फ़ हमें पता है, असल में हम अकेले होने की स्थिति में खुद के नंगेपन में उपजी सच्चाई से भाग रहे होते हैं। भागते-भागते ऐसी जगह पर आ गए हैं जो अर्थविहीन है।

रहस्यों के आश्चर्य ने ही इंसान को ऊर्जावान बनाया है। वरना इंसान तो आलस्य और अराजकता का सच्चा स्वरूप है।

<u>शून्यता</u>

एक दिन मैं शून्य में चला गया था। बाह्य परिदृश्य में बस एक पक्षी उड़ रहा था जिसके पंखों की आवाज़ मुझे स्पष्ट सुनाई दे जा रही थी, आसपास बेजुबान सी दुनिया का दृश्य मस्तिष्क में मंडरा रहा था। लेकिन एक अंदरूनी सी आवाज़ कानों को छू रही थी, बहुत दूर से।

'सुनो... सुनो...।'

धीरे धीरे आवाज़ नज़दीक आने लगी थी। एक जर्जर सा शख़्स सामने धुंधला दिखने लगा। और जब वो स्पष्ट दिखा तो वह रो रहा था, आवाज़ में रुदन सी थी, मैंने कहा- 'क्या हो रहा है ये सब?' वो फिर से रोने लगा, और रोते रोते कहने लगा कि 'सब खत्म हो गया।' मैंने कहा 'क्या सब?' अचानक वो चुप हो गया और मुझे अवाक सा देखता रहा, शायद सोच रहा होगा कि इसको कुछ समझ या दिखाई क्यूँ नहीं दे रहा। लेकिन मेरी शून्यता का बिंदु बिल्कुल चरम पर था।

सब खत्म हो चुका था, वो पक्षी जो अभी उड़ रहा था, वो भी अब दिखाई नहीं दे रहा था। मेरे सामने बस ये शख़्स था जो वर्तमान स्थिति लिये मुझमें कोई सहारा तलाशने की फिराक में था। मैं वहाँ से भाग गया। मैं नहीं चाहता था कि फिर से एक नई दुनिया बनाऊं, जिसका मसीहा मैं होने वाला था। शायद।

जब शून्य की स्थिति में कहीं कुछ फलता फूलता दिखता है तो वो भी अकेले रहने की चाह ही तलाश कर रहा होता है, जैसे कि अभी मैं।

थोड़ा आगे बढ़ा तो देखा वो पक्षी मरा पड़ा था। मैं इस वक्त रोना नहीं चाहता था, मैंने हमेशा से मेरे अंदर ये अजीब सी सोच को जगह दी है कि - हमने रोना इसलिए रोया ताकि लोग ये ना सोचे कि हमे फ़र्क नहीं पड़ता। दूसरों को ये बताने के लिए कि हमें फ़र्क पड़ता है, इसलिए हम किसी भी चीज़ का रोना रो देते हैं। और इसकी जड़े बड़ी गहरी होती है, धीरे धीरे समझ आती है। पर यह सब जो घट रहा था, मुझे फ़र्क पड़ रहा या नहीं इसका छोर अब गायब था और वो शख़्स भी उस पक्षी की तरह कुछ देर में मर जाएगा।

ये सब एक सोची समझी साजिश रची गई थी, जिसका उद्देश्य दुनिया के शुरू से ही शुरुआत करने के विकल्प में दफ़न थी। अब एक मष्तिष्क बचा रह गया है जिसका बोझ मैं ढो रहा था। उस मष्तिष्क में बीती दुनिया की स्मृति अपना स्थायित्व लिये हुए थी- बहुत ही जर्जर और युद्धलिप्त। मैं मरने की प्रवृति को साथ चलने में नहीं संभाल सका।

स्वतः मारे जांएगे का प्रत्यक्ष प्रतिनिधित्व आत्मा नहीं कर पाएगी, जब अप्रत्यक्ष जीवन की दशा मनोवृति के पूर्णबह्य नेत्र-विकार उत्पन्न सुख, व्यथा को आमंत्रित करेगा। शब्दशः ही मरने की इच्छा भवितव्य नहीं होगी। और अब मैं विक्रोक्ति में नहीं था, मैं छिटकाया जा चुका था अपने उद्देश्य से, जिसके कारण ये सब हुआ है। यह जो हुआ है वह है- शून्यता।

हँसी ख़ुशी दुःख

जब कुछ देर के लिए ख़ुशी के पल आते हैं तो वो बात याद आ जाती है जब, हम खुलकर नहीं हँसे थे। उस वक़्त की ख़ुशी और इस वक़्त की ख़ुशी का आपस में टकराने से एक स्थिति बनती है जो हमें तनाव में डाल रही होती है। हमें ख़ुशी में भी दुःख हुआ था, का दुःख होने लगता है कि उस वक़्त क्यूँ ख़ुश नहीं हुए। और अब ख़ुश रहने के कोई मायने नहीं।

या तो हमें वास्तव में ख़ुशी कोई ख़ास पसंद नहीं है या जब वो रहती है तो उसका कोई महत्व नहीं।

पर दुःख हमें उसकी ओर खींचता दिखाई पड़ता है। जिसकी शायद हमें आदत हो गई है। बहुत ही अर्थहीन आदत जिसने सामाजिक जगत की खुशियों का अर्थ ही, अर्थहीन कर दिया।

परिस्थितियों की जकड़न

काश हम ज़िंदगी में कुछ चीज़ें रोक पाते। वो जा रही थी और मैं भी। हम दोनों चाहते थे कि रुक जाएं, पर परिस्थितियों की जकड़न ने सब बिखेर रखा था। गलतियाँ ढूंढने निकलेंगे तो बातों के जाल के अलावा कुछ भी नहीं निकलेगा, इसलिए गलती किसकी है इसको एक तरफ रखते हैं।

भावनाओं की दुनिया में नियंत्रण का संतुलन बहुत ही कम अंतर से आगे बढ़ता है, अगर हम एक तरफ हुए तो सब खत्म। पर कोई भी संतुलन कहाँ तक रह पाएगा, एक दिन तो रस्सी टूटेगी और हम गिर जाएँगे।

अभी हम अपनी अपनी दुनिया में जी रहे थे, सब खोकर। मुझे एक उम्मीद बहुत दूर दिख रही थी। जब कुछ छूट रहा होता है तो जितना हो सके उसे हम अपने पास रोकने की कोशिश करते हैं और मैं भी वही कर रहा था, पर कुछ स्थितियों ने मुझे भी बांध दिया था। तो मैंने रस्सी को ढीला छोड़ दिया।

मैं असल में चाहता था कि एक जगह टिका रहूँ। लेकिन टिक जाता तो शायद एक दिन कुछ बातें सामने आती और सब खत्म हो जाता। अगर मैं टिकने के इरादे से खुद से कुछ बातें सामने रखूँ तो शायद सब अभी ही बिगड़ जाएगा जो बाद में बिगड़ने वाला था। इसलिए सोचा जो बाद में बिगड़ेगा ही इससे अच्छा अभी ही चुप हो जाऊं। तो मैंने बातों को स्थगित रखना ठीक समझा और चुप हो गया।

मैं स्तब्ध हो चुका हूँ। अब मुझे लोग-बाग हिला रहे हैं, मुझे समझा रहे हैं, मैं भी समझ रहा हूँ लेकिन मेरे दिमाग में वही बात आते ही मैं फिर से चुप हो जा रहा हूँ। शायद चुप रहना भी चाहता हूँ।

मैं काफ़ी दूर हो गया, खो गया, एक जगह लाके पटक दिया गया। मैं सुनसान सा सब देख रहा था पर कर कुछ नहीं पा रहा। मैं किधर भी नहीं जा सकता था, किसी से कुछ बोल नहीं सकता था, बस एक रुदन थी, जो रह रह कर मुझे जगा रही थी, पर मैं सोने के अभिनय में था, कि कोई आएगा, जगाएगा, पर कोई नहीं आया और मैं पड़ा रहा।

कोई आएगा, का सुख मेरे चेहरे पर कभी कभार आके रुख जाता था, मैं हँसने लगता था, शारीरिक फुर्ती तेज़ हो जाती थी। समय के बदलाव ने ही मेरा समय पर ज्यादा विश्वास बढ़ा है। कोई एक दम से खो जाएगा, का डर, 'कहीं कोई अब चला गया तो' में चुभता रहता था। मेरी नींद बिना बिस्तर के धरती पर सो जाती थी और मैं रात भर जगा रहता था, कि कब कोई आए और मेरी नींद मुझे वापिस कर दे।

पर अब कोई आएगा तो कैसे आएगा, हमेशा के लिए या क्षणिक मात्र के लिए?

कोई आएगा, उसकी अवधि क्या होगी, उसे फ़र्क पड़ेगा मुझसे, मुझे खोने से...

फिर मैं कोई एक वाक्य विन्यास में खो गया, कि... किसी को खोने का डर, फर्क पड़ने में छुपा हुआ है। मुझे फ़र्क नहीं पड़ता, ऐसा मेरे चेहरे पर दिखाई देता है। लेकिन मुझे किसी को खोने का डर हमेशा बना रहता है, और उस प्रक्रिया में, अतीत सामने दस्तक दे जाता है।

नदी

मैं, एक बहती नदी में डूब गया था... जानबूझकर। थोड़े से बहाव के साथ बह रहा था, कभी ऊपर आ जाता उसी थोड़े से बहाव में। आँखे ऊपर देखने की कोशिश कर रही होती थी, और सब धुंधला-धुंधला सा दिखाई दे जाता। मैं फिर से डूब जाता गहरे में, जानबूझकर... और बह रहा होता थोड़ा सा, धीमा धीमा, शांत।

फिर अचानक मैं किनारे की तरफ आ पहुंचा। मेरा आधा शरीर पानी के ऊपर था और आधा अंदर पानी की तलाश कर रहा था–फिर से डूबने के लिए। मैं अपना सिर छुपाए किनारे के थोड़े से गहरे पानी में था। अंदर सुख था, सुकून था, आलस्य था। शायद मैं नहीं आना चाहता था नदी से बाहर।

फिर, फिर मेरी नींद खुल गई...

वास्तविक जीवन में, जब मेरे साथ कुछ बुरा घट रहा होता है तो मैं सोचता हूँ या चाहता हूँ कि काश ये सपना हो। क्योंकि जब मैं सपने में कुछ बुरा देखता हूँ तो वहाँ भी मैं यही सोच रहा होता हूँ और फिर मेरी नींद खुल जाती है।

सामान्य बने रहना

मैं बहुत जल्दी हर भाव को व्यक्त नहीं करता या कर नहीं पाता। ज्यादा खुश होने पर खुश भी नहीं और दुःख होने पर दुःख भी नहीं। अगर मैं खुद में बदलाव जैसा कुछ महसूस कर रहा हूँ तो वो भी व्यक्त नहीं करता, और न ही मैं जैसा हूँ वैसा व्यक्त करता हूँ। मैं सामान्य बने रहना पसंद करता हूँ और रहता भी हूँ।

हम बिना किसी के आगे पीछे का जाने, बिना पूरी जानकारी के एकदम जज या फैसला करने लग गए हैं।

बहुत जल्दी किसी भी चीज़ का रिएक्ट नहीं करना होता है। बल्कि सोचना होता है, समझना होता है, उसे जीना होता है। बहुत जल्दी के फैसले वाले बिंदु से बचना चाहिए। क्योंकि चीज़े बदलने में देर नहीं लगती, मन को बदलने में देर नहीं लगती और जब कुछ बदल जाता है तो दुःख और तनाव होने में भी देर नहीं लगती कि हमनें वैसा फैसला क्यूँ लिया।

<u>आद्यपरिणाम</u>

परिणाम देखने की ज़िद

मैं आगे की किसी तारीख में जी रहा था... ख़ुश। न चाहते हुए भी उस ख़ुश होने की प्रक्रिया में चला जा रहा था। जो वर्तमान में घट जाना एक अजीब ही खुंदक सा है।

अभी एक किताब हाथ में लिये, बीच का हिस्सा पढ़ रहा था। कहानी खत्म होने के डर से किताब को वापिस शुरू से पढ़ना शुरू कर दिया। पर अभी भी उस बीच का हिस्सा अपना घर जमाए कहीं न कहीं ज़ेहन में था।

अंत की उत्सुकता बड़ी ही तकलीफदेह जान पड़ती है क्योंकि हमेशा परिणाम देखने की ज़िद ने आरम्भ को शुष्क बना दिया है।

आदर्श विलेन

तुम हमेशा हमारी कहानी के हीरो रहे हो, और मैं एक आदर्श विलेन। तुम भागते गए और मैं तुम्हें पकड़ने की उस दौड़ में तुम तक नहीं पहुंच पाया। मैं पहुंच कर कहना चाहता था; 'मेरे पास तुम्हारे लिए हत्या का विकल्प नहीं है', मैं तो बस धैर्य के साथ तुम्हें बताना चाहता था कि तुम मत भागो, रुक जाओ और सुन जाओ।

लेकिन तुम्हें, मेरे विलेन होने की भूमिका में ही छोड़कर भागना था। पर मैं ख़ुद को अब आदर्श विलेन कहता फिरता हूँ और तुम्हें हीरो।

महत्व

"तुम्हें पता है मिति!" इस बार मेरी आँखों में आंसू थे।

"क्या हुआ बोलो" मिति ने कहा। उसने मेरे आंसू अनदेखा किए।

मैंने बोलना शुरू किया "किसी के लिए अपना महत्व तब ज्यादा बढ़ता है, जब कोई किसी की बात करता है जिसमें वो उसके लिए महत्वपूर्ण है आप नहीं।" ये कहकर मन में आया कि काश इस वक्त मिति कह दे 'तुम गलत हो, मैं मेरे लिए ही तुम्हारा महत्व खोज रही थी।'

पर उसने नहीं कहा। और आंसू वहीं के वहीं टिके रहे...

सही गलत की परिभा

अब कोई भी मुझसे कुछ भी कहता है तो मेरे लिए उस बात की, सही गलत की परिभाषा मेरे संदर्भ में कैसी है? की व्याख्या कर देता हूँ। और मेरी व्याख्या का अंत, मेरी ख़ुशी की तरफ ज्यादा झुकता है। लेकिन इससे तो चीज़े सही नहीं होंगी, क्योंकि जरूरी नहीं कि जो मेरे संदर्भ में सही हो वो सबके लिए हो।

तो मैं अपनी ख़ुशी की फ़िक्र करूँ या सबकी? पर यह संभव भी तो नहीं है। जिसको अंत की ख़ुशी से मतलब हो, वो ख़ुद की फिक्र ही करेगा न कि असल में क्या सही है और क्या गलत।

आखिरी मुलाकात

जीवन के कुछ विषय बड़े ही रोचक होते हैं, जो न चाहते हुए भी एक न एक तो बाहरी विषय से मुलाकात हो ही जाती है। और फिर वो रोचक होने के बजाय भययुक्त बन जाते है।

मुझे अपनी घर की दीवारें, एक कुँए की तरह दिखती है जिसमे मैं डूबना नहीं चाहता, बस तैरना चाहता हूँ। हमेशा के लिए...

मैं ये सब कैफ़े में बैठे सोच ही रहा था कि अचानक उसने कहा - 'तुम कुछ दिनों में कहीं जाने वाले हो न?'

'हां।'

'पर तुम तो...।' वो कहते-कहते रुख गई।

'मैं आ जाऊंगा जल्द ही, तुम इतना मत सोचो।' मैंने कहा।

पर मुझे पता था कि मैं अब वापिस नहीं आऊंगा और शायद उसे भी पता था। फिर मैंने कुछ याद करके बोला-

'तुम्हें याद है, एक वक्त तुमने मुझसे कहा था कि...।' और मैं कहते कहते चुप हो गया।

'क्या हुआ? बोलो।' उसने जिज्ञासु भाव से मेरी ओर देखा।

'तूमने कहा था कि जिस दिन अपनी आखिरी मुलाकात होगी उस दिन,...।' मैं फिर चुप...

'तुम बात को आधा क्यूँ छोड़ देते हो, मुझे तो याद भी नहीं कि मैने ऐसा कुछ कहा भी था।' उसने बात को अनदेखा करना चाहा।

चलो अच्छा है कि उसे याद नहीं, ये मैंने मन ही मन सोचा। फिर मैंने कहा- 'नहीं, कुछ नहीं।'

मुझे लगा वो फिर से पूछेगी, पर ऐसा नहीं हुआ। थोड़ी देर के बाद हम अपने अपने रास्ते चल दिए। ये हमारी आखिरी मुलाकात थी, जाते जाते न उसने मुझसे कुछ कहा, और ना ही मैने।

...

ऐसा क्यूँ होता है कि किसी के आने की ख़ुशी में कभी भी ना जाने के दुःख की जगह हमेशा खाली रहती है, और जाते ही वो जगह भर जाती है,

दोनों के जिये हुए से।

पर मुझे पता था, ये जगह कभी भी भरने वाली नहीं है, वो भी सिर्फ मेरे हिस्से की...। उस खाली जगह में मुझे वो सब दिखेगा जो मैं शुरुआत में सोच रहा था।

शेखर एक जीवनी

शेखर एक जीवनी, पढ़ने के बाद मेरी अवस्था...

सब कुछ तो लिखा जा चुका है। शेखर के वो शब्द बार-बार मेरे ज़ेहन में घूम रहे थे, जब उसने अपनी बहन सरस्वती से कहे थे - 'अगर हर चीज़ ईश्वर करता है तो इंसान क्यूँ कुछ करता है?' और तभी मैंने निश्चय किया कि इस प्रश्न का उत्तर खोजूँ। पर कहाँ, किधर जाऊं, मैं इस अंचल में किसी भी तरह का पलायन भी नहीं कर सकता, कुछ चीज़ें जो बचपन से ही बंधी हुई है, जैसे कि उनका होना इंसान का होना, और न हो तो सिर्फ बेमालिक कुत्ते की तरह होना है।

लेकिन फिर भी मैंने कुछ काम खुद को आघात करके; कर ही दिये, माँ से बहस करने लगा, लोगों की बातों को तर्क (जो कि मेरे ही क्षेत्र के होते हैं) द्वारा समझाने लगा और इन्हीं सब प्रक्रिया में मेरे द्वारा कहे गए तर्क ही अपना सिर पीट-पीट कर मुझसे कहने लगे कि अब नहीं बोला या सुना जाता।

और मैं थक कर वापिस अपने कार्य क्षेत्र में प्रवेश करने से डरने लगा, खुद को वेबजह ही शेखर से खुद को मिलाने लगा। सबके साथ होने और न होने के डर से मैं खुद के साथ रहने की चेष्टा करते करते जुगुप्सा के पास आ गया। मेरे सुनाए शब्द ही मुझसे अब कहने लगे... मुझे झकझोरने लगे... मैं बिना उत्तर दिए उन्हें आँख दिखाने लगा और कहा कि, मुझसे दूर रहो, और मेरी पीठ पर एक हाथ आया 'अरे, तुम!' हाथ मेरे तर्क का था।

<u>*असहमंजस के पल*</u>

मरने की प्रक्रिया और मरने के बाद के पल गहरी व्यथा में डालते हैं कि इस वक्त असल में क्या करना चाहिए! या क्या करना होता है। कभी कोई दोस्त कह देता कि वो नहीं रहे या ये नहीं रहा इत्यादि। तो उस वक्त मैं चुप्पी साध लेता था, कि बोलना क्या है? ये बोल दूँ कि बहुत बुरा हुआ या बड़े दुःख की बात है। लेकिन ये शब्द मुझे बहुत छोटे लगते थे।

कुछ दिन बाद वही दोस्त अपने जीवन में मस्त और मुझसे हँसी मज़ाक कर रहा दिखाई दे जाता तो मुझे मेरे विचारों पर तरस आने लगता कि मैं उससे ज्यादा उस वक्त असहज महसूस कर रहा था। आजकल ऐसा होना स्वाभाविक रूप से दिखने लगा है।

सहवास

मेरे अंदर एक बिंदु है, जहाँ तक पहुंचने के लिए तुम्हारा धीरे-धीरे दृश्यमान वाला दृश्य ही उस बिंदु की ओर मेरा ध्यान ले जाएगा, जहाँ मुझे आनंद की अनुभूति होगी। अगर उस क्रिया में तुमने क्रमशः को तोड़ा और एकदम से सब दृश्यमान हो गया तो बिंदु तक पहुंचने तक का आनंद चकनाचूर हो जाएगा। जिसका खामियाजा तुम्हें भी भुगतना पड़ेगा। इसलिए क्रमशः आना, क्रमशः दिखना... तुम्हारे लिए और मेरे लिए।

या तो चरम के इस पार हम होते हैं या उसके घटने के बाद। लेकिन मैं एक बार चरम पर ही टिका रहा। उसपर रहने की स्थिति में मैं कुछ भी सोचने की हालत में नहीं था। न अच्छा न बुरा। बस खुद को ह्रास होना देख सकता था। एक आनंदयुक्त मिटते जाना।

व्यक्ति, सहवास का आश्चर्य समय के साथ बदलते स्वरूप में भिन्न भिन्न दशाओं में ढूंढने लगा है। किसी एक स्थिति को लेकर उसके आनंद की सीमा भी खत्म होने लगी। आनंद की सीमा का खत्म होना- हमारी बातों में जलकता है, हमारे देखने में, और कुछ हद तक हमारी खुद की ही क्रियाकलापों में।

इच्छा, खोज, भूख, तड़प। यह सब एक ऐसे स्पर्श की तलाश कर रहे हैं जो आकर्षित है और कहीं एक भौतिक सुख है और शारिरिक भी जो हमें उसकी ओर आकर्षित कर रहा है। भौतिक सुख की कल्पना से उत्पन्न क्रियाएं ही हमारे अंदर उस स्पर्श की इच्छाओं को प्रबल कर रही है।

जैविकी(Biotics) में प्रामाणिक सत्यता की खोज की गई है जो कि सर्वमान्य है। लेकिन व्यवहारिक रूप में समझ पाना यह एक जटिल प्रक्रिया है। हम समझ गए हैं फिर भी, शायद यह इच्छाएं हमारे नियंत्रण में नहीं है।

एक नए सुख और मन में बनाए गए यौन हिंसात्मक प्रवृत्ति का स्वरूप, बाहरी दृश्यों से और ज्यादा प्रबल हो रहा है। बाहरी दृश्य, जो हमनें अपने भीतर, मजबूती से पकड़ रखे हैं, वह अकेलेपन और

अव्यस्तता से उपजी मानसिक का परिणाम है।

मैं गलत

गंभीरता में प्रेरणा, हास्यस्पद है।

मैं- 'आज काफ़ी समय बाद अपनी बात हो रही है!'

वो- 'हाँ, तुम्हारी बातें ही इतनी अजीब होती है कि अब बात करने का मन ही नहीं करता।'

मैं बात समझने की कोशिश कर रहा था मैने कहा-

'इसमें मेरी गलती नहीं है, वक्त ने मुझे ऐसा बना दिया है। मैं वो बातें कह देता हूँ, जो कही नहीं जाती बस पता होना होती है, जिससे बात बिगड़ जाती है और असहज का भाव बनता है।'

'जो भी हो... पर मुझे ये सब पसंद नहीं।' उसने थोड़ा रुककर कहा- 'और अब तो तुम बिल्कुल बदल गए हो, पहले ऐसे नहीं थे। मुझे कभी कभी लगता है कि तुमसे बात करके मैं, खुद को दुःख पहुंचा रही हूँ। और तुम्हें इस बात से भी फ़र्क नहीं पड़ता कि मैं क्या सोचती हूँ तुम्हारे बारे में। तुम्हें बस तुम ही दिखते हो, आस पास क्या हो रहा है उससे तो तुम्हें कोई मतलब ही नहीं। तुम्हें मैने सब बता रखा है, शुरुआत से लेकर अब तक। और तुम हो कि बात समझने की कोशिश भी नहीं करना चाहते।'

हममें ऐसी ही सब बातें हो रही थी पर मेरा दिमाग, कहीं दूर किसी जंगल में कोई पेड़ के नीचे बारिश की बूंदे तलाश रहा था, जो अभी अभी गिरे हुए थे। वो अपनी बातें कह रही थी, मुझे उसकी बातें धुंधली-सी सुनाने लगी। मैं अभी भी चुप था।

मैं हमेशा से कायर रहा हूँ, मैंने हमेशा से भागना चाह है इन सब चीजों से, मैं अपनी गलतियो को ढक लिया करता हूँ। जब भी किसी से पहली दफा बात होती है तो खुद को बुरा होना और अच्छे से पहले की स्थिति, इन दोनों को बता के शुरुआत करता। पर सब खत्म होने के पहले तक वो बातें मुझसे कहती कि अब क्या हुआ? शुरुआत में कहने से कोई अर्थ नहीं निकला और अब वही बातें फिर से कह सकें, इसकी खाली जगह नहीं दिखती।

मेरा सिर ज़मीन में ये सब तलाश रहा था, ऊपर किया तो सामने उसे पाया, उसकी बातें, उसकी शिकायतें, उसका रोना। अरे, रोना.! मुझे झट से याद आया वो कुछ कह रही थी और मैं सुनने के अभिनय में था।

'अरे,.. क्या हुआ? तुम रो क्यूँ रो रही हो?'

उसने कुछ नहीं कहा, और बिना कुछ कहे चली गई। शायद वो कुछ पूंछ रही थी जिसे मैं सुन नहीं सका। और फिर मुझे वो बूंदे मिली जो मैं दूर जंगल में तलाश रहा था, बिल्कुल मेरे बगल में, मेरे सामने, नीचे जमीन पर। मैंने बहुत देर करदी थी बाहर चीजों को तलाशने में।

कई बार ऐसा होता है कि हम अपना होना दूसरों में तलाशते हैं कि वो हमसे, हमारा कहे। और हम एक तरह से खुद को झूठा नहीं बनाते, हम झूठे होने के वजाए ईमानदारी का चोला पहने रहते हैं। हम खुद की सुनते ही नहीं, क्योंकि हम दूसरों में खुद को तलाशते हैं।

स्वयं की वास्तविकता

हम हमेशा, खुद को कभी फ़ोटोस में देखते हैं तो कभी आईने में। आईने के सामने खुद को ऐसे खड़े करके या ऐसी आकृति में देखते हैं, जिससे अपना भद्दापन या बुरा होना न दिखे। खुद की सच्चाई से सब डरते हैं, मैं भी।

कई सारे रहस्य हमने खुद में ही दबाए रखे हैं, कुछ बाहर आते हैं और कुछ झाँक कर देखते रहते हैं उन्हें, जो बाहर जाकर कभी वापस नहीं लौटे। इस डर से भीतर के रहस्य और भीतर चले जाते हैं और अपनी वास्तविकता का सामने आना, स्थगित बना रहता है।

रवि अहिरवार

<u>रहस्य</u>

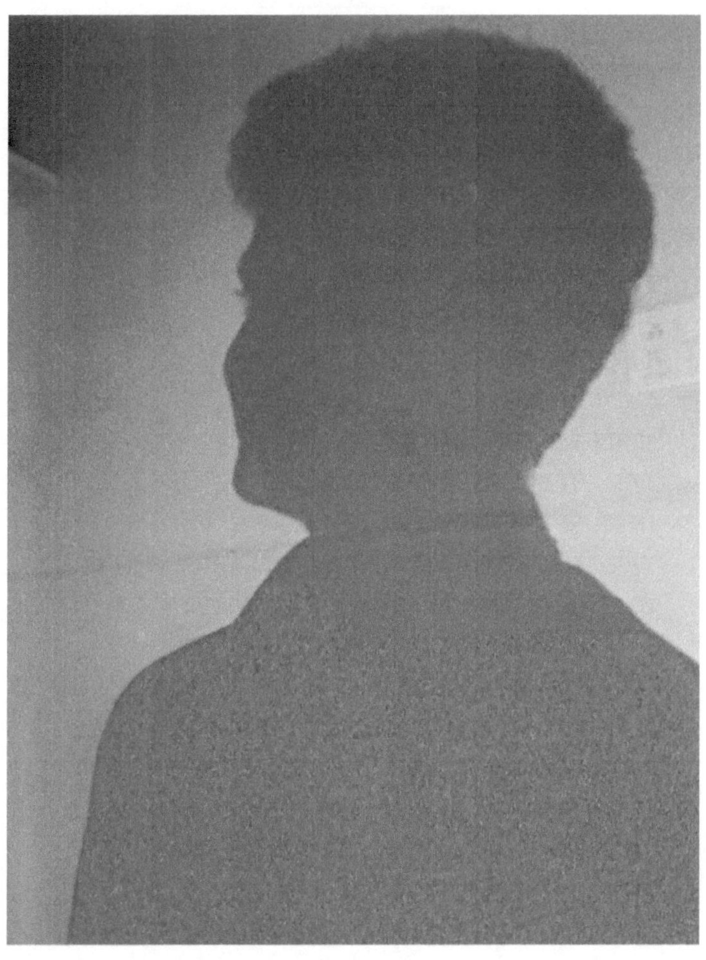

पापा की डायरी

काफ़ी देर से तट पर बैठे हम दोनों गपशप कर रहे थे। कभी वो अपना कुछ सुनाती तो कभी मैं उसी की बातों की बातें करता; और बातें आगे बढ़ाता जाता। मेरे पास कहने को कुछ नहीं होता था, इसलिए आज मैं एक डायरी लेके आया। उसमें से हमने कुछ कविताओं को पढ़ा और कुछ को बेतहाशा समझ कर आगे बढ़ते गए।

"न रोशनदान से सूरज की किरण

न खिड़कियों से बाहर का नज़ारा

न दरवाजे से कोई आता-जाता

काश कमरा बोल पाता।"

'ये पंक्तियां तुमने लिखी है?'

'नहीं... मेरे पापा ने।' मैंने कहा।

'तुम्हारे पापा कवि थे?'

'नहीं...' थोड़ा रुककर कहा 'वे तो मुझे कवि बनाना चाहते थे।'

'तुमने बताया नहीं कभी!' उसने मेरी ओर अचरज से देखा।

'आज बता दिया।' और एक हल्की सी मुस्कुराहट।

'तुम हमेशा ऐसा ही करते हो, बहुत कम बातें बताते हो।' और वो अपनी पीठ मेरी ओर करके बैठ गई, शायद नाराज़गी में।

मैं हमेशा ऐसी बातों में ज्यादा समय नहीं दे पाता शायद इसलिए भी वो मुझसे गुस्सा गुस्सा-सी रहती है और जल्दी से मान भी जाती है।

'अच्छा ठीक है आगे से सब बात दिया करूँगा, पक्का।'

'हाँ...' और फिर वो बच्चो-सी हसके मान गई।

'अब चले घर, बहुत देर हो गई है।' मैंने कहा।

'कल भी तुम यही डायरी लाना, बहुत अच्छी है।'

और चलते-फिरते-कूदते... मस्तमौला की तरह हम अपने अपने घर आ गए।

मैं अगले दिन नहीं जा पाया था, क्योंकि पापा की तबीयत खराब थी। पापा और मैं पास ही के एक छोटे से क्लीनिक में आये हुए थे, जहाँ छत

के नाम पर टीन चढ़े थे, एक अकेला सुनसान-सा स्थान। डॉ साहब ने कुछ दवाइयां दी और थोड़ी देर आराम करने को कहा।

आराम करते समय पापा ने मुझे अपने पास भुलाया और कहा 'वो डायरी किसी को मत दिखाया कर वो खासकर मैंने तेरे लिए लिखी थी।'

मैंने थोड़ा सोचा फिर कहा- 'हाँ पर उसमें तो ऐसा कुछ नहीं लिखा जिससे...'

और अचानक पापा ने कहा- 'हर चीज़ एक भिन्न सन्दर्भ में घटती है एक भिन्न परिस्थिति में। और उसका उदाहरण देकर हम दूसरों को बरगलाने का काम कर जाते हैं, हमको लगता है जैसे मुझ पर ये लागू है तो सब पर भी। पर ऐसा नहीं होता।' और फिर पापा एकाएक चुप हो गए।

हम शाम तक वापिस घर लौट आये। उस दिन के बाद मैंने किसी से उस डायरी के बारे में बात नहीं की।

स्वार्थ से लिप्त विकास

• दुनिया सो गई है।

असीमित आसमान में किसी शून्य पर स्वयं के दिमाग की संरचना से पृथ्वी को देखना, संकेन्द्रण से। बहुत ही उबाऊ, परिवर्तनशील, डार्विन की थ्योरी के परस्पर यानी स्वयं के प्रति स्वार्थ से लिप्त विकास। किसी का क्षरण होकर, हर क्षण में बिकाऊ चेहरों को पनाह मिल रही है। पृथ्वी के देश या हर सामाजिक-भौगोलिक दृष्टि से निर्मित हुए नियम, देशों की विभिन्न व्यवस्थाओं ने समाज का विकास अपने ही ढंग से आगे बढ़ाने के लिए चलाएं जा रहे हैं। कुछ हद तक चल भी रहे हैं।

• दुःखों का वर्गीकरण

दुःख भी दो तरह के हो गए हैं। एक वो दुःख, जिसपे हम बात कर सकते हैं अभी नहीं तो बाद में भी, जिनका सही होना न होना संभावित रहता है। दूसरे, वे दुःख जो घट रहे होते हैं या घट चुके होते हैं, जिनके बारे में बात करने से कोई फायदा नहीं। युद्ध और पीड़ितों की दशा ने इंसानों की मानसिकता पर भविष्य को लेकर प्रश्नचिन्ह इस बात का लगा कर दिया है कि इस दुःख को किस वर्ग में बांटे? युद्ध तो घट चुके होते हैं, उन्हें रोका जाएगा या नहीं यह पहले वाले दुःख में रखा जा सकता है।

विचार

कुछ भी चीज़ पहले कहकर नहीं होती, उनका होते रहना ही जीवन को निरंतर आगे बढ़ाती है।

मैं नीचे सिर करके रास्ते को देखते हुए चलने के बारे सोच रहा था, पर मैं बैठा हुआ था। चलने में खो गया और मैं 'बैठा हुआ था' ये भूल गया। चलते चलते बहुत आगे निकल गया, एक जगह रुका तो पता चला कि यहाँ पानी है और मुझे प्यास लगी है। मैं पानी पी रहा था, मुझे याद आया कि मैं बैठा था और ज्यादा चलने से प्यास लगने लगी है।

मैं जहाँ असल में बैठा हुआ था, वहां गिर पड़ा। आसपास लोग मुझे उठाने के लिए आगे बढ़े, पूरा शोरगुल माहौल। ये रेलवे स्टेशन था और मुझे नींद आ रही थी क्योंकि कुछ दिनों से ठीक से सो नहीं पाया। ट्रेन आने में अभी वक्त था। मुझे अचानक याद आया कि मैं यहाँ मरने आया हूँ, नहीं नहीं वास्तव में नहीं, सिर्फ एक स्थिति में। स्थितिजन्य विचार की कल्पना ने मरना सिखा दिया, जिसमें इंसान मर जाता है मानसिक रूप से।

एक बुरे हादसे ने नींद को तेज कर दिया था, बार-बार सोने की इच्छा हो जाती। पर मैं दुःखी था कि मर नहीं पाऊंगा। तो मैं यहाँ आया ही क्यूँ हूँ। मैं चलने लगा, स्टेशन के बाहर, और घर आकर सो गया।

जब उठा तो मरने वाली बात ज़ेहन में आई और एक निराधार रूप लिये, मेरे अतीत को कोसने लगी।

सब जगह बस एक भ्रम है, लड़ाई सिर्फ हमारे विचारों से है, जो प्रकृति से अलग सब कृत्य करवाता है। दुःख भी विचारों से ऊगा एक पेड़ है, जिन्हें हमने ही सींच सींच कर इतना बड़ा कर लिया है। और शायद विचारों की समस्याएं एक बीज की तरह होती है जो धीरे-धीरे बढ़ती जाती है, वो बीज पेड़ बनके ज़िंदगी जैसी जमीन पर अपनी जड़ें फैला लेता है। अगर पेड़ उखाड़ो तो जमीन भी उखड़ेगी और न उखाड़ो तो जड़े समस्या की तरह और बढ़ती जाएगी।

इसमें बस एक ही काम करने को रह जाता है- पेड़ को पानी न देना, इससे पेड़ धीरे धीरे स्वतः ही लुप्त हो जाएगा। और शायद समस्या भी। और हमारी मरने की इच्छा, स्थगित बनी रहेगी।

सोशल मीडिया (एक)

सोशल मीडिया पर लोगबाग उनकी छवि वैसी दिखाते हैं जैसा वो चाहते हैं कि लोग उन्हें उनके बारे में वैसा ही देखे, वैसा ही सोचे और समझे। जैसा वो दिखा रहे हैं।

कुछ हद तक ये सही भी है कि व्यक्ति वही तो दिखाएगा जो वो है। अगर इस बात को माने तो फिर दिखावे पर प्रश्नचिन्ह नहीं लगना चाहिए। पर इसके साथ ही कुछ बातें और भी हैं-

वो चाहते हैं कि मैं दुःखी हूँ तो मेरे दुःख पर ध्यान देकर मुझसे सहानुभूति का आदान प्रदान करे। कोई ख़ुश है, अपनी लाइफ में मस्त है तो वे अपनी पोस्ट के द्वारा लोगो को इससे अवगत कराते हैं। दूसरों के फ़र्क से हमें कितना फ़र्क पड़ने लगा है। उनके घर में क्या चल है और अपने ख़ुद के घर में क्या चल रहा है? ये दोनों दुनिया अपनी जगह, लोग अपने हिसाब से चला रहे हैं। लोगों को हर स्थिति का अपडेट चाहिए होता है।

अब कोई कह सकता है कि 'सोशल मीडिया से सीखने को भी बहुत मिलता है।' शायद ये वाक्य ख़ुद को सुरक्षित जगह पर रखकर और अपनी बात पर अड़े रहने के बीच एक अहम(Ego) की लड़ाई है। अगर मैं ये कहूँ कि हर स्थिति के दो पहलू है तो यह बहुत आम बयान होगा। आजकल तो आर्टिफिशियल इंटेलीजेंस(AI) का ज़माना है, लोगों के मूड के हिसाब से चीज़े उन्हें परोसी जा रही है।

असल में इंसान कैसा है? ये तो कभी सामने आता ही नहीं है। इसे लोगबाग न समझने के लिए प्रयोग करते हैं। जैसे 'मुझे कोई नहीं समझता या मुझे कोई कभी नहीं समझ सकेगा।'

एक तो सबने अपने हिसाब से अपनी पहचान का एक दरवाज़ा बना रखा है कि हमें कितना बाहर आना है और कब किसको कितना अंदर आने देना है। जब हम बच्चे होते हैं तो हमें लोगों के घर दिखते थे, और अब उनके दरवाजे नज़र आने लगे। जो सब अलग अलग तरीके से बने हुए हैं। कभी कोई समझ सकेगा या नहीं वो तो हमारे दरवाजे कितने खुले

हुए हैं! इस पर निर्भर करता है। लेकिन यहाँ सबको अपनी कहानी में सहानुभूति से प्राप्त लिप्त एक नायक बनना है।

क्योंकि बात, अंत में ख़ुश रहने की है।

मृत्यु

मैंने मेरे जीवन में बहुत सारे काम स्थगित किए हैं। कुछ सामाजिक परिस्थितियों की वजह से कुछ, रिश्ते और परिवार की वजह से।

एक दिन मैं काफी दुःखी था किसी बात को लेके, फिर सोचा कि शमशान घाट जाऊँ, पता नहीं क्यूँ, तो मैं चला गया। वहाँ जाके पास में ही कहीं बैठ गया। वहाँ देखा कुछ लोग बहुत तेज़ रो रहे थे, कुछ खड़े थे, कुछ बैठे थे और मैं भी लेकिन उनसे दूर। मैं जानता भी नहीं था कि कौन मरा है। ये सब देखकर मेरे आँसू आने लगे, पेट में अजीब सी घबराहट होने लगी। कुछ लोग मुझे देख रहे थे कि ये कौन है? लेकिन मैं चुप था और आंसुओं के साथ सोचने लगा कि जिस बात से मैं दुःखी हूँ अगर उसी के कारण मैं मर जाऊँ तो मम्मी पापा बहुत रोएंगे इन्हीं की तरह, असल में यही सोचकर मेरे आँसू आ रहे थे। थोड़ी देर बाद में मैं घर आ गया। और उस दिन मैंने एक काम को स्थगित किया, मरने का।

कहीं किसी जगह मुझसे संबंधित कुछ बुरा घट रहा होगा, का दुःख मुझे बार बार उसकी तरफ आकर्षित कर रहा था। मुझसे जुड़ी हर चीज़ मुझे अच्छी चाहिए होती है, का सांत्वना क्षेत्र हमेशा से मैंने खींचा है। अब मैं भाग रहा हूँ सबसे, छिप भी रहा हूँ, खुद से। मरने के डर से बार-बार मम्मी पापा की याद आ जा रही थी। नज़दीक से देखूँ तो सब खत्म हो रहा था।

मैं थक गया और रुक गया, फिर गहरी सांस ली। ज़िन्दगी की गलतियां ही हमें दूसरों से छुपाती है, हम छिप भी जाते हैं तब भी कहीं कुछ बुरा घट रहा होगा, की आह भरने में देर नहीं लगती। शरीर बेजान हो रहा था, और सोचने की क्षमता लुप्त हो चुकी थी।

ये सब लिखा जा चुका था, जब कुछ दिन बाद इसे पढ़ा तो खुद पर हँसी आने लगी। खुद को देखा तो ज़िंदा पाया, और हर चीज़ से मुक्त।

24 February 2022

समस्या

हम सब समस्याओं से घिरे हुए हैं, सुख से दुःख तक का सफर एक बैचेनी के साथ कटता है। दुःख में रहने की आदत इतनी बड़ी हो गई है कि सुख में रहना उबाऊ लगने लगा है।

हम सब जानते हैं कि हम एक-दूसरे से झूठ बोल रहे हैं। 'हम सब समझते हैं' का झूठा नाटक प्रतिदिन कर रहे हैं। 'अभी हम भी एक फूल की तरह खिल रहे हैं' की ज़िद बड़ी हो रही है। 'लेकिन पूरा फूल खुद में कभी नहीं दिखा' का दुःख छोटा लगता है। समस्या ज्यादातर एक अभाव में स्थित हैं, जिसका दुःख समय को खा रहा है।

मूलतः कुछ चीज़ें होती है जिन्हें हम अपनी मर्ज़ी से करते हैं, लेकिन एक समय के बाद हम उन्हें भूल जाते हैं कि ये हमारी मर्ज़ी से ही हुआ था और हम बिना सोचे ही उसका दुःख मना रहे होते दिख जाते हैं।

तुम

अब कुछ भी कहने का समय नहीं रहा। किसी के आने की ख़ुशी में, उसके जाने का इंतज़ार करते हुए, एक दिन ख़ुशी, दुःख में बदल जायेगी। इसका एहसास होते ही मैं फिर से वो सब तलाशने लगा जिससे कि जाने की स्थिति बनी है।

मैंने बहुत समय तक उस वजह को तलाशने में लगा दिया, लेकिन कोई परिणाम नहीं निकला। फिर मैंने हिम्मत करके उससे पूछा...

'तुम जा रही हो..?'

'हाँ...'

'तुम चाहो तो रुक सकती हो।'

'ठीक है।'

'क्या ठीक है?'

'नहीं जाऊंगी।'

'तुम्हारी क्या इच्छा है?'

'तुम चाहते हो कि मैं जाऊं?'

'मैं क्या चाहता हूँ वो महत्वपूर्ण नहीं है।'

'तो क्या महत्वपूर्ण है?'

'तुम...'

स्थगित हँसी

मैं अपनी कुछ हँसी को आगे के लिए स्थगित करके चलता हूँ, कि ये बाद में हँसने के काम आएगी और मैं ख़ुश रहूंगा। जैसे, फ़ोन में कुछ मज़ेदार लगता तो हम उसे भविष्य के लिए सहेजकर रख लेते हैं।

हँसी का स्थगित रहना यह दर्शाता है कि अब ये बहुत कम मौजूद है और हम बचा-बचाकर इसका उपभोग कर रहे हैं। कि कहीं ये खत्म न हो जाए।

कोरोना के समय ये अपवाह थी कि ये वायरस किसी ने बनाया है और तेज़ी से फेल रहा है। ये सुनकर मेरे मन में एक ख्याल आया कि ख़ुशी किसी ने क्यूँ नहीं बनाई? जिसे फैला सके। फिर मैं ख़ुशी की तलाश में चल पड़ा।

ईमानदारी बनाम स्वार्थ

मैं अपनी ही कुछ चीज़ों से ठगा हुआ सा महसूस करता हूँ। जैसे ईमानदारी बनाम स्वार्थी। जब इनमें से कोई एक चीज़ बढ़ने लगती है तो वो बिना रुके ही बाकी चोज़ों को छोड़ते चलती है। मैं अंतर्मन में खुद को लेके, सान्त्वना प्रेरित होकर देखता रहता हूँ। ख़ुशी और दुःख की लड़ाई में इंसान का इंसान बना रहना स्थगित होता रहता है। अंतर्मन में ईमानदार और बाहर स्वार्थ लिए ज्यादा नहीं चल सकते...

"तुम्हारे पास मैं हूँ या नहीं?"

नहीं...

"मैं हमेशा से चाहता हूँ, तुम्हारे पास होना।"

क्यूँ...?

"शायद मैं अंतर्मन से निकल सकूँ!"

कौन हूँ मैं?

उसके कहने पर मुझे कोई रास्ते का एक मोड़ दिखाई दे रहा था जहाँ से अगर कोई भी एक तरफ मुड़ा तो सब खो जाएगा। अंतर्मन में खोना, शायद रास्ते के मुड़के खोने से ज्यादा फायदेमंद साबित होगा।

मैंने कहा-

"तुम वही हो जिसे मैं ढूंढ रहा हूँ।"

तो, मैं मिला?

"अभी नहीं।"

तो फिर अब क्या?

"अब कुछ नहीं। मेरा सारा इंतज़ार, मेरा सारा जिया हुआ समय, वो सब तलाशने लगा था जिसे स्वार्थ की नदी में फेक दिया है। तुम अब नहीं मिल पाओगे कभी भी और मैं ढूंढता रहूंगा पागलो की तरह, किसी रास्ते पर या फिर खुद में ही।"

तुम्हें नहीं लगता कि तुम कुछ ज्यादा ही सोचते हो!

"शायद हाँ।"

तुम्हें पता है! कि असल में तुम चाहते क्या हो?

"हाँ, ईमानदार बने रहना।"

कहाँ पर? किस जगह पर?

"वैसे तुम्हें इस बारे में पता होने न होने से कोई फ़र्क नहीं पड़ना चाहिए। मैं चुप होना चाहता हूँ इन सब बातों में। मैं कुछ भी नहीं बोलना चाहता। अंत में किसी भी चीज़ का कुछ अर्थ नहीं निकलेगा। मैं अपनी कुछ चीजें स्वीकार करता हूँ जिससे शायद तुम्हें परेशानी न हो।"

पर तुम मुझे ढूंढ क्यूँ रहे, मैं तो स्वार्थ हूँ और तुम ईमानदार। मुझे तुमसे परेशानी नहीं है, तुम अगर मुझे अपने पास भी रखते हो तो तुम्हें इस बात का शायद पता भी न चले कि मैं तुम्हारे पास हूँ! मैं जैसा था वैसा ही हूँ।

"ख़ुशी की अहमियत ही तब समझ आती है जब दुःख घट चुका होता है वरना परेशानी तो आती रहे तब भी पता नहीं चलती। पर मैं तुम्हारी बात समझ रहा हूँ लेकिन इन सब में तुम कुछ नहीं कर पाओगे।"

तुम्हारा कुछ नहीं हो सकता। अरे! तुम तो जा रहे हो, मेरी पूरी बात तो सुनो।

"तुम्हारी कभी पूरी बात ही नहीं होती या शायद खत्म ही न हो, मैं बेवजह और अपना दिमाग इसमें नहीं लगाना चाहता।"

वैसे तुम्हें याद होना चाहिए कि मैं नहीं आया था तुम्हारे पास, तुम ही आए थे।

फिर मुझे मेरी ही बात याद आ गई- "मैं हमेशा से चाहता हूँ, तुम्हारे पास होना।" मैं चला गया और वो देखता रहा। और जो देख रहा है वो स्वार्थ के साथ ईमानदार भी है।

उपेक्षित प्रश्न

हमने बचपन से ही 'हर चीज़ से सीखना है' और 'जहाँ जिस चीज़ में फायदा न मिले वो नहीं करना है' जैसे वाक्य सुने होंगे। अपना कोई दोस्त सुना देता है तो कोई परिवार में ही।

ऐसे ही कुछ वाक्यों ने हमें बांध दिया गया है, हम हर चीज़ में फ़ायदा देखने लगे हैं। सामाजिक प्रणाली तथा बाजार की मांग ऐसी है कि हमारे फ़ायदे भी समय के साथ बदल दिये जाते हैं। फ़ायदे की राजनीति ने संवेदनाओं को भी निगल लिया है।

समाज के ज्यादातर नियम इसलिए असफल हो जाते हैं क्योंकि उनकी प्रकृति, प्राकृतिक नहीं होती। एक मानवीय जीवन में सीखने का ज़रिया बचपन से ही आरंभ होता है। अगर शुरू से ही ऐसे वाक्य सुना देंगे तो आज़ादी का विकास कैसे होगा?

अब यहाँ एक प्रश्न उठ सकता है कि 'ऐसे तो हर कोई अराजकता का शिकार हो जाएगा।'

तो क्या मानवीय संवेदना, मानवीय आधार और मानवीय चरित्र अराजकता के पर्याय है? एक त्रासदी है, कि हम सब जानते हैं। और ऐसे प्रश्नों को अनदेखा कर रहे हैं।

सोशल मीडिया(दो)

हम खुद को कितनी सारी नज़रों से देखते हैं, और खुद को कितना बनता बिगड़ता देखते हैं।

कई बार ऐसा होता है कि हम एक ही चीज़ बार-बार दोहरा रहे होते हैं, अलग अलग नज़रों से। कभी किसी को फ़ोटो भेजते हैं तो उसकी नज़रों से देखते हुए हम फिर से देखते हैं। कोई स्टोरी लगाई है तो उसे कई बार कई नज़रों से देखते हैं, ऐसे ही कई सारी चीजें होती हैं जिनका दोहराना ही असल में कई सारे नज़रियों से खुद को बनाते और बिगाड़ते हैं।

दो तरह का अंत

हम सब दो तरह का अंत देखना पसंद करते हैं। एक तो हार कर सहानुभूति प्राप्त करना या फिर दूसरा, जीत कर दिखा देना। अंत में 'सुख की अपेक्षा' ने लोगों को भविष्योन्मुखी से स्वयं को ही परे कर लिया है। हम बिना किसी अहसास के 'फेंक दिए गए' नहीं रहना चाहते। जब सब भाग रहे होते हैं तब हमारा रुककर चलना हास्यस्पद लगता है, की कामना ने संबंध, परिवार, प्रगति और कुछ हद तक आत्मसम्मान से समझौता न करना आदि ने बेबुनियादी समाज का निर्माण किया है।

खेल शुरू करने से पहले इसकी तैयारी कभी नहीं करना चाहिए कि हार-जीत में ही उलझना है। सहानुभूति प्राप्त करने की चाह से हार की व्यथा को दूर नहीं किया जा सकता है। अंत का विकल्प हमेशा दूसरा वाला ही रखना चाहिए ना कि बटोरने की प्रवृत्ति को साथ धकेलना।

सामाजिक धारणा

जब हम दोस्त लोग किसी लड़की के बारे में कोई धारणा बनाते हैं और ये कहते दिखते हैं कि 'लड़कियां तो होती ही ऐसी हैं।' तो मेरे ज़ेहन में एक बात आती है कि, मेरी बहन भी तो एक लड़की ही है, तो फिर वो भी ऐसी ही होंगी। पर हम लड़के लोग अपनी बहनों के बारे में ऐसा नहीं सोचते, क्योंकि बुरा लगता है।

फिर मुझे हमारी इस धारणा पर संदेह होने लगता है, मैं डर जाता हूँ, मैं अनदेखा करता हूँ, मैं इस बात को सोचना नहीं चाहता हूँ कि 'लड़कियां तो ऐसी ही होती हैं।'

एक पुरुष प्रधान समाज ने अपने नियम, अपनी धारणाएं आदि, स्त्रियों के पूछे बगैर ही उन पर थोप दिये हैं। अगर उनसे पूछते तो आज शायद हमारी समाज की सकल कुछ और होती।

शुरुआत

जब भी कुछ बुरा घट रहा होता है, तब हम बहुत सारी चीज़ें शुरू से सोचने लगते हैं, चीज़ों को जमाने की कोशिश करते हैं। पर जब पता चलता है कि चीज़ें ठीक ही थी, इतनी भी बिगड़ी नहीं है, तो शुरुआत जैसी बातें खोखली लगने लगती है।

इस स्थिति में हमारा सोचना एक तरह से नाराज़गी से भरा होता है। नाराज़गी में गुस्सा और फ़र्क जुटाने की चाहत का मिश्रण होता है। शुरू से शुरुआत जैसी बातें, एक जगह पर ढह जाती है।

मुझे बहुत बाद में पता चला कि सहेजी हुई चीज़े इतनी भी महत्त्वपूर्ण नहीं थी। वो बस एक पिटारे में बन्द होकर रह गई, उन्हें कभी बाहर नहीं निकाल सका। ठीक वैसे ही जैसे शुरुआत कभी नहीं हुई, सहेजी हुई चीज़े कभी बाहर नहीं आई।

स्वयं का महत्व

हमारी कमजोरी ये है कि हम चाहते हैं कि हमें कोई अनदेखा(Ignore) न करे। अगर कोई कर रहा है तो ये बात हमें पता न हो, क्योंकि पता होते ही हम अपने आपको दुःख और तनाव में ले जाएंगे। जब तक कुछ पता नहीं था, तब तक सब सही था। शायद इसीलिए जो चीज़ दिखाई नहीं देती उसका दुःख नहीं होता।

ज्यादातर हमें वो चीज़े आकर्षित करती है जिन्हें हम हासिल नहीं कर पाते। फिर भी हम एक उम्मीद लिए कोशिश करते रहते हैं, असल में जो हमारे पास है उसका कोई मूल्य नहीं होता।

कभी कभी हम कुछ लोगों से अपने लिए 'फर्क' जुटाने में लगे रहते हैं। लोगों को हमसे फ़र्क पड़े, इसके लिए हम कितनी हद तक चले जाते हैं, शायद अपना अस्तित्व भी खो देते हैं।

एक अलग नज़रिया

मैंने उससे कहा कि कल मिलना नहीं होगा। ये सुनते ही उसने मेरी ओर अचरज से देखा, उसकी आंखें नम थी और बिना कुछ कहे ही वहाँ से चली गई। मैं उसे जाते हुए देख सकता था, वो वापिस बिना मुड़े चली जा रही थी।

अगले दिन जब सुबह हुई तो कल का सारा कुछ मुझे गहरे तनाव में डाल रहा था। रात के अंधियारे के अघोष में कही हुई बात, सुबह की रोशनी में झूठ सुनाई देती है। मेरी बैचेनी भी, कही गई बात का सत्य पकड़ने में खो गई। बार-बार मन में आ रहा था कि उससे मिल आऊँ।

इस बीच मुझे ठीक से कुछ समझ नहीं आया, कुछ देर बाद मैंने खुद को उसके घर के सामने पाया। मुझे देखकर वो बहुत खुश हो गई थी।

'आप तो नहीं मिलने वाले थे न! पर मुझे पता था कि आप जरूर आओगे।'

उसके जरूर कहते ही मैंने उसकी आंखों में देखा, उसकी आंखें कितना सच कहती नज़र आती है। उसकी आँखे कितना मुस्कुराती है। उसे कैसे पता कि मैं जरूर आऊंगा, ये सोचकर मैं बेचैन था। क्या सच में मैं अब बदल रहा था। पर हमेशा से मैं ऐसा नहीं था।

'मुझे खुशी है कि मैं तुमसे मिलने आया।' ये कहते ही लगा जैसे मैंने बहुत छोटी बात बोली हो। पर वो इसमें भी बहुत खुश नजर आ रही थी। मेरा होना ही उसे कितना खुश महसूस करवाता है, ऐसा मुझे एहसास होने लगा था।

'मुझे पता था आप आने वाले हो इसलिए आपके लिए भी खाना बना लिया था।'

मैं बड़ी अचरज में था कि मुझसे ज्यादा तो मुझे वो जानती है। क्या मेरा स्वभाव इतना अनिजी हो गया है? फिर थोड़ी देर बाद हम साथ में खाना खाने लगे। उस स्थिति में कोई ऐसी बात आई तो मेरे मुँह से निकला कि 'मुझसे इतना प्यार!'

वो बोली कि 'क्या फायदा, कोई मतलब नहीं किसी भी चीज़ का।'

मैं चुप-सा सुन रहा था, बात को समझ रहा था। पर उसकी आवाज़ में रुदन आ गई, आंखों में आँसू। मैं चाह रहा था कि उसे गले लगा लूँ और कह दूं कि मैं हूँ। लेकिन हमारे बीच थाली रखी थी क्योंकि हम एक ही थाली में खा रहे थे।

मैंने कहा 'क्या हुआ? रो क्यूँ रहे?'

'कुछ नहीं, आप कभी नहीं समझोगे।' और वो रोने लगी।

मैंने थाली को एक तरफ करके, बैठे-बैठे उसे चुप कराया। फिर उसके बाद कोई भी खाना नहीं खा पाया।

हमारे बीच जो भी है, उसे कभी कोई समझ नहीं पाया। चीज़े बढ़ चुकी है इसका अंदाजा मुझे बहुत बाद पता चला, जब मुझसे किसी ने पूछा कि तुझे उससे प्यार तो नहीं है? मैं उसे मना नहीं कर पाया।

मैं कभी भी एक बहुत अच्छा निर्णय लेने वाला नहीं बना पाया, शायद बहुत जल्दी के फैसलों से मैं दूर ही भागा हूँ। मुझे समय ने, फैसला लेने की अवधि को बढ़ावा दिया है। मैं चीज़े समझने में ही समय निकाल देता हूँ।

मेरे साथ एक चीज़ और है, ज़िम्मेदारियों से भागना; ज़िम्मेदारी प्यार की, अपने वादों की, फैसलों की।

मैं किसी से प्यार नहीं कर पाता, क्योंकि इसमें एक ज़िम्मेदारी होती है जो मुझे लगता है कि मैं ये ज़िम्मेदारी नहीं ले पाऊंगा। और नफ़रत भी इसलिए नहीं करता क्योंकि इसकी जरूरत नहीं लगती। मैं सबसे सामान्य बने रहना चाहता हूँ और रहता भी हूँ। पर आजकल ये डिग चुका है।

अगर हम अपनी बातों में तहज़ीब बरते और लहज़ा न खोए तो कभी अपराधबोध महसूस नहीं होगा। विधि का उल्लंघन न करना तथा सामान्य सामाजिक नियमों के दायरों में भी रहकर जिया जा सकता है। लेकिन ये अब एक औपचारिकता भर नहीं रह गई है। मैं सच में अब प्यार में था। पर 'मुझे फर्क नहीं पड़ता' जैसे भाव, मैं चेहरे पर ले आता हूँ।

'मैं तुम्हें समझता हूँ, लेकिन समय और स्थितियां किसी की नहीं होती।' मैंने कहा।

वो सुन रही थी, और चुप थी। शायद उसे सब पता था, कि एक दिन सब खत्म होने वाला है। लेकिन इंसानी फितरत यही है कि वो जहाँ भी हो उसे उम्मीद टटोलने लगती है और वो उसे इजाजत दे देता है।

हम थोड़ी देर और बैठे रहे, कुछ बातें की, मज़ाकिया किस्म की। फिर मैं वहाँ से निकल आया। आते वक्त दिमाग में कई सारी चीज़ें चल रही थी।

हमारा जीने वाला समय, एक समय पर आता है। हम जितना हो सके उस समय को जीते हैं, उसमें डूबते हैं, हम ठीक से उस समय में डूब पा रहे हैं या नहीं, ये एहसास बार बार उस समय को लम्बा खींचता दिखाई देता है।

पर जैसे ही वो समय निकल जाता है, हम उसमें कमियां निकालने लगते हैं, कि काश ये और होता। पर जैसे ही हम वहाँ से निकलते हैं, उसकी वेदना हमारे मस्तिष्क में एक बोझ डाल देती है। हम अब सामान्य दुनिया में जीने लगते हैं या शायद जीने का अभिनय करते हैं। और उस समय का बीच का हिस्सा, बार-बार 'कहीं कुछ अटक गया है', में हम कुछ न कुछ तलाशते रहते हैं।

रवि अहिरवार

दुःखमययुक्त सुख

अलग दिखने की होड़

हमेशा किसी से अलग दिखने की होड़ में बहुत सी चीज़ें छूट जाती है। कभी कुछ करते हैं तो "फिर उनमें और हम में क्या फ़र्क रह जायेगा?" का विचार आते ही उस काम को स्थगित कर देते हैं।

प्रश्न ये है कि सबसे अलग क्यूँ बनना है?

इसका उत्तर काम शब्दों में कहे तो "क्योंकि सब गलत कर रहे हैं या फिर हम खुद को ही महान समझ रहे हैं।"

एक दिन ऐसा आएगा कि हमें वो काम करने के लिए दुःख होगा, जिसे हमने स्थगित किया था। क्योंकि हम तो महान बनने की होड़ में थे। फिर सब कुछ "अब फ़र्क नहीं पड़ता का तमगा लिये घूमना फिरना होगा।" उस अलग बनने की चाह को आज में समायोजित(Justify) करने के प्रयास में खुद को नीचा धकेलने का काम हम खुद करने लग जाते हैं, जिसकी जड़े शुरुआत में ही हमने मजबूत की थी।

शुरू मध्य अंत

हमारे पैर आगे पीछे लड़खड़ाते हुए एक मस्ती में तालाब की ओर बढ़ रहे थे। हमारी बातों में नरमी और खिलकिलापन झलक रहा था।
"आप मज़ाक अच्छा करते हैं।" उसने हमारी बातों के बीच में यह कहा। उसके कहने पर मैं मुस्कुरा दिया। हम आगे बढ़ते गए चलते गए तालाब की ओर। मेरे साथ वह बड़ा खुश महसूस कर रही थी यह सोचकर मैं डर रहा था अंदर ही अंदर, फिर एक सुरक्षित जगह पर हम तालाब की ओर मुंह करके बैठ गए।

"क्या सोच रहे हो?" उसने मेरी ओर देखकर कहा।

"सोच रहा हूँ तुम इतना खुश हो, सिर्फ आज ही या हमेशा रहती हो?"

"मैं हमेशा रहती हूँ पर आज ज्यादा हूँ, क्योंकि आपके साथ हूँ" यह कहते ही हल्की सी मुस्कान उसके चेहरे पर आ गई।

"मैं चाहता हूँ कि तुम हमेशा ऐसे ही खुश रहो।" यह कहकर मैं तालाब की ओर देखने लगा।

"आप साथ हो बस, मैं हमेशा खुश रहूँगी।" फिर अचानक वो चुप हो गई। मैंने कहा "क्या हुआ।" उसने आगे कहा -

"मुझे कभी कभी डर लगता है।" अब उसका चेहरा जमीन की ओर देख रहा था। उसने आगे कहा "कि आप मुझसे दूर न चले जाओ।" इस वक्त मेरा अंदर वाला डर अब बाहर आने को हुआ। लेकिन मैं सुनना चाहता था उसकी बातों को।

"अगर चला गया किसी दिन छोड़कर... फिर।" यह कहकर मैं हँसने लगा और वो गुस्से से देखने लगी। मैंने आगे कहा "अरे यार मज़ाक कर रहा था, नहीं जाऊंगा कभी छोड़कर, सच में।" मेरे 'सच में' कहने में कितना झूठ झलक रहा है!!

मुझे हमेशा से फ़र्क और सहानुभूति जुटाने की आदत है, जहाँ लगता है कि इसे तो मुझसे फ़र्क ही नहीं पड़ता तो मैं अजीब सी नाराज़गी से भर जाता हूँ। एक दिन ऐसा ही हुआ था, हमारी फ़ोन पर बात हो रही थी तो अचानक में किसी बात से गुस्सा या थोड़ा सा नाराज़गी भरे मन से कहा

कि चलो बाद में बात करते हैं, उसने उधर से कहा कि ठीक है और फोन काट दिया। तब मुझे लगा कि मेरा गुस्सा और जिस बारे में बात हो रही थी उसको लेके भी उसमें कोई खास प्रतिक्रिया नहीं दी तो मेरे अंदर फ़र्क लेने की चाह बढ़ने लगी।

यही बात सोचकर मैंने उससे कहा "एक बात पूंछू?"

"हाँ पूंछो।"

"मुझे लगता है तुम्हें मुझसे कोई खास फ़र्क नहीं पड़ता।"

"ये क्या बात हुई, मुझे पड़ता है फ़र्क आपसे और बहुत पड़ता है।" यह कहकर वो गंभीर हो गई।

"पर मुझे लगता क्यूँ नहीं कभी।" यह कहकर मैं खुद सोचने लगा कि फ़र्क दिखता कैसे है, लगता कैसे हैं! तो फिर वो फ़ोन वाली बात याद आ गई।

"आपको हमेशा ऐसा क्यूँ लगता है! शायद आप मुझे समझते नहीं हो।" यह कहकर उसके चेहरे पर नाराज़गी जैसे भाव आ गए। हम सबको प्यार के साथ अपने लिए उसका ध्यान और फ़र्क चाहिए होता है। हमको लगने के लिए बहुत सारी चीज़ें होती है जो बेवजह होती है लेकिन हम उनसे ही चीज़ों का अनुमान और विश्लेषण करते हैं।

उसने जब यह कहा कि मैं उसे समझता नहीं हूँ तो मैं खुद की ऐसी चीज़ें सोचने लगा कि मैं कब समझ नहीं पाया? मेरी हरकतें ही ऐसी होती जिसमें मैं जानबूझकर फ़र्क जुटाने की कोशिश करता हूँ। और ऐसी ऐसी बातें बोलता हूँ जिनका अर्थ ही विपरीत होता है। अगर मैंने बोला कि मुझे बात नहीं करनी तो वास्तव में मैं चाहता हूँ कि बात करनी है बस उसके मुंह से सुनना है। शायद उन्हीं हरकतों की वजह उसे लगता है कि मैं समझता नहीं हूँ। अंत में, उसका भी आत्मसम्मान है शायद यही सोचकर ऐसी स्थिति बनती होगी, तो मैं चुप हो जाता हूँ फिर समझ नहीं आता कि असल में क्या करूँ अब।

आत्मसम्मान और अहं की वजह से बहुत सारे रिश्तों में गलतफहमी बनती है, साथ में ध्यान आकर्षित करने और फ़र्क पड़ने की चाहत भी।

...

मुझे लगता है मेरा डर, बहुत ही सतही किस्म का था। जब उसने मुझसे कहा था कि 'आप कभी मुझे छोड़कर मत जाना।' उस वक्त मेरा डर अलग था। लेकिन कुछ वक्त बीतने के बाद उसने ही मुझे छोड़ा। उसने मुझसे बोला कि 'अब मुझे सब खत्म करना है और मुझसे जो गलतियां हुई है सबको सुधारना चाहती हूँ।'

मैंने उसे बहुत रोका, मेरा जो डर था वो तो बहुत दूर पड़ा रहा। मैंने उससे कहा कि 'पर तुमने तो शुरू में कहा था कि मैं बिल्कुल वैसा हूँ जैसा तुम्हें चाहिए था, जैसा तुमने सोचा था बिल्कुल वैसा ही।' फिर उसने कहा कि 'पर अब नहीं है ऐसा, मेरा मन नहीं है अब किसी भी चीज़ में। मैं अकेले और आज़ाद रहना चाहती हूँ।' उसने जब आज़ादी का कहा तो मैंने सोचा, मैंने तो कभी भी ऐसा कुछ किया ही नहीं जिससे उसकी कभी आज़ादी छिनी हो।

मैं असहज था, उसकी हर बात में। मुझे कुछ भी समझ नहीं आ रहा था कि क्या करूँ क्या नहीं। मन में बस इतना चल रहा था कि सब यही रुक जाए, सब पहले की तरह ठीक हो जाए। मैंने कोशिश भी की, जितना हो सका उतना किया। लेकिन मेरी किसी भी बात का उसपर असर नहीं हुआ। और वो चली गई, छोड़कर।

जब कोई छोड़कर जाता है तो वो कितना सुंदर दिखने लगता है।

अब मेरा डर ही मेरे साथ रहा, जो मेरा डर था वो ये था कि वो इतनी ज्यादा मेरे प्रति गंभीर ना हो। पर अब तो वो चली गई अब मैं किस डर में हूँ! मैं क्यूँ उसको इतना रोक रहा हूँ। पता नहीं शायद जो चीज़ छूटती दिखती है तो हम हर कोशिश में उसे रोकना चाहते हैं और उस कोशिश में पता नहीं अपना आत्मसम्मान कहाँ चला जाता है, वो तो दिखता ही नहीं हमें।

समय और स्थिति हर दुःख दर्द के घाव को भर देता है।

असल में हम सब तो खुद से प्यार कर रहे होते हैं। हम अपने अहम(ego) से बाहर ही नहीं निकल सकते। कि ऐसे कैसे छोड़ दिया। मैं तो अच्छा था ना! जबकि असल में मैं खुद चाहता था कि हमारे बीच सब सामान्य रहे और ज्यादा से ज्यादा मैं खुद ही उसे छोड़ दूंगा, ऐसा भाव लिये हुए था। पर यह भाव उसके छोड़ने के समय कहीं भी नहीं दिखा, जो

कि सच्चाई यही थी।
...

धीरे-धीरे प्यार, शारिरिक नहीं रह जाता
वो सिर्फ बातों का, स्वाभिमान का और
आत्मसम्मान का रह जाता है।
कि पहले कौन बात करे, पहले कौन झुके।
.

फिर इंसान, एक सुरक्षित जगह महसूस करने पर
सब कुछ खत्म कर देना चाहता है
या फिर दूर हो जाना चाहता है।

भगाए गए नहीं बनना चाहते

हम कुछ चीजों से भागना चाहते हैं पर किसी के कहने पर नहीं, खुद के द्वारा ही। हम 'भगाए गए' नहीं बनना चाहते। 'भगाए गए' होना, हमको पसन्द नहीं है।

मैंने कुछ समय तक उसको अनदेखा किया और चलता गया अपने पथ पर। एक दिन मुझे वो दिख गया या यूं कहूँ मैंने जानबूझकर ही उसे देख लिया और मेरा सारा अनदेखा समय व्यर्थ चला गया। जैसे आरम्भ हुआ था वैसे ही उसका दिखना आरम्भ के समान हो गया। अब मुझे बीच का समय याद आता है, मेरे खुद के बनाये गए नियम एवं अवधारणाएं। वो सब मैंने नष्ट होते देखा, खुद को धरती में धँस जाना देखा, हाथ पैर से ऊर्जा जाते देखा।

ये सब इसलिए हुआ क्योंकि, मैं खुद से भाग जाऊँ उससे पहले ही उसके द्वारा भगाया जा चुका था। जिससे मैं दुःखी था। और अब मैं अपनी ओर से कुछ भी आरम्भ नहीं कर सकता, क्योंकि उसको मेरे बीच के समय का आभास हो चला। मैं शुरुआत करूँ भी तो कहाँ से! और किसके लिए! खुद के लिए? नहीं। खुद के लिए तो मैं अपनी दूसरी रेखा(रस्सी) को संभाले हुए हूँ, ऐसा मुझे लगता है। पहली रेखा से भागूंगा तो शायद दूसरी में मैं, मेरा अस्तित्व खो चुका होंगा। मुझे मेरा न रोना याद आता है, और उसका न हँसना। शायद हम दोनों एक बिंदु पर समान नहीं है और कुछ पर समान है भी, जिसका कोई अर्थ नहीं। अस्तित्व को बचाने के लिए किसी एक का वस्तु बनना बहुत जरूरी था। पर अब स्थिति ऐसी आ गई थी कोई भी वस्तु नहीं बन सकता, बनेगा तो उसमें ज्यादा नहीं रह पाएगा। हाँ, एक चीज़ जो करने लायक है, अपने अस्तित्व को बचाकर रखने की इच्छा को न रखना, स्वतः।

हमें हमेशा ऐसा लगता है कि एक दिन सब ठीक हो जाएगा और हम अपनी सारी बुराइयों एवं असफलताओं से छुटकारा पाकर एक नया जीवन जीना शुरू करेंगे। और एक दिन ऐसा आ भी जाता है। बहुत ही नीरस, बेजान, विसंगत...। और अपना सारा भागना और लड़ना, व्यर्थ

लगने लगता है।

खालीपन

हर बार कुछ नया लिखने की ज़िद ने, नयेपन की प्रभावशीलता को शुष्क कर दिया। वक्त है अपनी कोई भी सह सकने वाली एक पीड़ा का बोझ उठाने का।

दिन-ब-दिन उनकी सांसे तेज़ हो जाती, और रुकना मेरे चलने में दिख जाता। मुझे जब भी वो बात याद आती तो आंखे झलक जाती, सिसकने बढ़ने लगती, पर उस वक्त बगल में सिर्फ मेरा खालीपन नज़र आता जो कई बार खुद को मेरे से अलग पाता रहा है। मैंने उससे कई बार कहा कि मेरे साथ रहना छोड़ दे। पर अब लगता है कि उसे मेरी तरह बाहर का नज़ारा एक अंदरूनी सी कहानी जैसा दिखता है। और उसका बोझ मैं ढो रहा होता दिखाई देता।

रुदन

'क्या हुआ रवि, तू रो क्यूँ रहा है?'

'बेटा... क्या हुआ?'

मैं रो रहा था, चिल्लाके नहीं, बस आँसू बह रहे थे, सर फटा जा रहा था। एक रुदन थी, अगर मैं कुछ बोलता तो फट पड़ता, रो पड़ता। मम्मी मुझे ऐसे देखकर खुद रोने लगीं। और मुँह से कुछ बड़बड़ाने लगीं। मेरा सिर भारी होने की वजह से कुछ समझ नहीं आ रहा था। बस एक ही बात दिमाग में चल रही थी, कि मैं अगर मर गया तो मम्मी बहुत रोएंगीं। पर मैं उस वक्त सोना चाहता था, मरना नहीं।

थोड़ा संभलकर मैंने कहा-

'मम्मी.., मैं ठीक हूँ, आप कभी रोना मत।' और मैं सो गया।

मैं नहीं चाहता था कि मम्मी को कुछ पता चले। एक समय बाद हम कितने बुरे होने लगते हैं, इस बात से मैं मम्मी को दुःखी नहीं करना चाहता था। शायद एक दिन सब ठीक हो जाएगा और मैं कभी रोया था, इसपर हँसी आएगी। पर उसका क्या जिसकी वजह से मैं रो रहा था! फ़िलहाल मैं इस बात को स्थगित रखना चाहता हूँ।

भोलाराम इंदौर

अगल बगल काफी भीड़ थी। बाजार में खाने की दुकानें और उनपर लगी भीड़ ने बाजार का माहौल शोरगुल के साथ गर्म कर रखा था। बाज़ार की सड़क पर चलने में काफी दिक्कतें आ रही थी।

ये कुछ अतरंगी दुनिया की तरह है, जहाँ युवा-युवती युगल प्रेम में टहलते हुए नज़र दिख जाया करते हैं। यह दृश्य उन लोगों के कुंठित और यातना देने वाला हो सकता है जो इस कर्म में शामिल नहीं है, जो अकेले हैं, पृथक है।

इसकी विस्तृत और आंतरिक व्याख्या इस तरह हो सकती है:-

भिन्न जगहों की जीवनशैली से नई अवधारणा और एक अलग दुनिया का जन्म होता है।

दो दुनिया में प्रवेश करते वक्त, पहले धुँधले दृश्य को छोड़कर दूसरी स्पष्ट दिखाई देने वाली दुनिया को, हम स्वयं उसे भीतर घुसने की अनुमति दे देते हैं, क्योंकि छूट चुके जीवन की घटनाएं हमेशा नए को कुरेदती रहती है।

दो दुनिया के सुख का निरीक्षण पलकों के बंद होने और खुलने के अंतिम बिंदु पर है। मध्य में कोई भी चीज़ अस्तित्व नहीं बना पा रही। पलकों के बंद होने से सामने जो दिख रहा है वो धीरे-धीरे धुंधले दृश्य में तब्दील हो जायेगा और एक समय बाद अदृश्य।

पलकों के बंद होने के परिणाम स्वरूप एक भिन्न दुनिया दृश्यमान होगी जो दोनों दुनिया को समन्वयक के रूप में काम करेगी और सुख को खुशी की ओर ले जाएगी। लेकिन उसमें वास्तविकता नगण्य ही रहेगी क्योंकि वो कल्पना से बनी है। पर क्या हम उसमें वो सब ढूंढ पाएंगे जिससे समन्वय स्थापित करने में आसानी हो सके!

असल में दो दुनिया की अवधारणा कुछ-कुछ नींद के सपनों की तरह है। एक समय बाद किसी एक को चुनना बहुत जरूरी हो जाता है तब जब मध्य में सब अदृश्य हो। व्यक्ति अदृश्यता में कुछ भी कर पाने की स्थिति में नहीं होता इसलिए दृश्य और अदृश्य के बीच की दुनिया का

अंतर समझना बहुत जरूरी है, सुख व खुशी के अस्तित्व के लिए।

_यादें_

एक समय बाद सब बदल जाता है। मैं, तुम और हमारी बातें। पर एक चीज़ जो नहीं बदलेगी, वो है अपनी यादें। लेकिन शायद तुम मुझसे अलग हो। तुम्हारा हर बार मुझसे गुस्सा होना, और हर बार बच्चों-सी मान जाना, तुम्हें मुझसे अलग बनाता है।

'आप मुझसे कभी दूर तो नहीं जाओगे?' उसने कहा।

'मैं नहीं चाहता कि मैं दूर जाऊँ।'

हमारे हाथ एक दूसरे के हाथ में थे, और हम बैठे थे बंद दीवारों के बीच। दुनिया का डर हमेशा से रहा है, शायद प्रेम में जो थे। पर इस वक्त मेरे मन में एक डर था, टूटने का, बिछड़ने का और मेरी सान्त्वना भरी बातों का, जो कभी भी मेरा साथ छोड़ देती है।

मैंने कहा-

'मैं चला गया तो तुम दुःखी मत होना।'

वो मुझे एकटक देखती रही, मेरी आँखों से पूँछती रही 'क्या आप सच में जाओगे?' मेरी आँखों में मुस्कान थी और उसकी आंखें उदास, और फिर मैंने उसे गले लगा लिया। गहरी सांस ली और मन में आया 'काश, मैं रुक पाता'।

मुझे पता है कि एक दिन वो खुद चली जाएगी। और मैं रोक नहीं पाऊंगा।

....कुछ साल बाद....

इस बारे में, हम अपनी-अपनी दुनिया में जी रहे हैं, बहुत ही नीरस, बेजान, और एक दिन ये जीना भी आदत बन जाएगी। किसी के साथ रहने की खुशी तब तक रहती है, जब तक हम खुद को दूसरों में ढूंढते हैं।

....कुछ साल बाद....

हम सब बदल चुके थे, दुनिया आगे बढ़ चुकी थी, बातों का सिलसिला परिस्थतियों ने जकड़ लिया था, मैं खो चुका था, और तुम खोने की प्रक्रिया में थी, बदलते सब कुछ ने हमें दुश्मन कभी नहीं बनने दिया। मैं ख़ुश था, और वो भी। 'पहले कौन गया था?' इसका किसी के पास सवाल नहीं था, बस जो पास था वो बस जवाब था, 'अच्छा हुआ कि चले गए।'

....एक प्रसंग....

"यह तुम्हारी डायरी में किसका नाम लिखा है।"

"उसी का, जो इस लेख में जिक्र है।"

"मतलब?"

मैंने उसकी तरफ देखा, और यही सब फिरसे पढ़कर सुनाया।

कल्पना की रानी

हम एक दिन उन सबका दुःख मना रहे होंगे, जिनका हमने अपने साथ होने की कल्पना की थी।

कल्पना में एक मोमबत्ती थी, उसकी रोशनी थी और एक कल्पना की रानी थी, जो असल में कुछ पदाधिकारियों से घिरी रहती थी। कल्पना की रानी ही एक चरम पर घट रहा सुख था, जिसकी प्रजा हम सब थे।

हमें राजा बनना था, जो कल्पना पर राज कर सके और रानी नियंत्रण में। लेकिन यह सब नहीं हुआ और मोमबत्ती बुझ जाती है, हमेशा के लिए। और कल्पना गायब सी।

मेरी कल्पना में एक रोशनी थी, जो अंधेरे को साफ करने का काम कर रही थी। मुझे बहुत बाद समझ आया कि मैं कब से इस अंधेरे में मोमबत्ती की तलाश कर था, पर कल्पना की रानी ने प्रकाश को प्रकाशित करके, उन सभी पदाधिकारियों को धकेल दिया और मैं राजा बन गया। उस दिन मुझे मोमबत्ती ने आकर्षित किया। और राजा बने रहने का बोझ।

हम सब राजा बनने की इच्छा को दबा रहें हैं, एक दिन स्वतः ही राजा बन जाएंगे का सुख, हमें और आलसी बना देता है, और हमारा वास्तव में राजा बनना स्थगित हो जाता है।

कल्पना, आलसीपन में उपजी एक बीमारी है। जो धीरे-धीरे ज्यादा बढ़ती जाती है। जब अच्छे सपने नींद खुलने के बाद टूट जाते हैं तो हम वापिस सोने की कोशिश में उसी सपने को जबरजस्ती वहीं से जोड़ते हुए आगे बढ़ाते हैं। शायद ये बहुत ही घटिया किस्म की कल्पना है जिसका सुख, हम सब भोगते है, बिना आधार के, बिना परिणाम के।

गंतव्य

बहुत दूर गंतव्य तक पंहुचने के लिए जितनी दूरी तह करनी पड़ती है उसका इंतजार करते-करते, बीच में जो जगह पड़ती है वो मुझे बहुत पास लगती है। शायद जिनको बीच में ही कहीं रुकना होता होगा यहीं तक जाना होगा, मुझे लगता है कि वो बहुत जल्दी अपने गंतव्य पर पंहुच गए हैं। लेकिन उनके लिए यह दूरी उतनी ही होगी, जितनी मैं जा रहा हूँ, मेरे लिए।

तो फिर इस दूरी का मसला कहाँ है? हमारे सोचने में? या हमारे द्वारा बनाए गए गंतव्यों तक जल्दी पहुँचने की बैचेनी में। जो यहीं तक जा रहे होंगे उनके लिए हमारी कैसी धारणा होगी इसका बोझ किसपर डालें, जिससे की हमारा उत्साह गंतव्य को लेके सकारात्मक बना रहे। जल्दी पहुंच जाएंगे, का सुख तभी मिलता है जब इंतज़ार एक सच्चा हो। और यह रास्ता तह करना बहुत जरूरी है, पहुँचने की सच्ची ख़ुशी के लिए।

<u>*एक मनाही*</u>

मैंने बहुत कोशिश करने के बाद उसे मना दिया। पर जब मैं उसे मना रहा था तो अंदर एक बैचेनी थी कि अगर सब सही नहीं हुआ तब क्या होगा! मेरा उसे मना करना, प्रेम के लिए था।

पर अब लगता है कि स्थिति पहले जैसे ही हो जाए। और एक दिन ऐसा हो भी गया, पर बैचेनी फिर से बढ़ने लगी। इस बार बैचेनी अलग किस्म की थी फिर मैं सोचने लगा कि गलती वहाँ नहीं है, जहाँ से मैं शुरुआत करता हूँ। गलती हमेशा उस वक्त में थी जब मैं कोशिश करने में लगा था। और फिर एक दिन मैं खुद उससे रूठ गया। और मेरा बैचेन होना खत्म हो गया।

तुम आओगी न...!

हम सब, उस खो चुके जीवन को, कुरेधते रहते हैं। कहीं से कुछ अच्छा निकल आए कि चाह में, हम दिन रात उसमें मेहनत करते हैं। मेहनत करता हुआ खुद को देखकर...

...
एक जगह बैठ जाते हैं
थके हुए से महसूस करने पर
उस कुरेधी हुई चीज़ को ताखते रहते हैं
कुछ भी अच्छा नहीं निकला का दुःख
मेहनत पर प्रश्नचिन्ह लगाता है।
यूँही बैठे हुए, जीवन में
मुँह से एक वाक्य निकलता है
तुम आओगी न...!

ईमानदारी प्यार

मैं उस रवि को नहीं मरना चाहता, जो नवम्बर की बारिश से खुश हो जाता हो। चल रही दुनिया को अपने ढंग से चलाने की कोशिश में, खुद में परिवर्तन की तलाश ढूंढता फिरता हो। किसी के आ जाने के बाद अपरिवर्तित चीज़े घटित होने के साथ ही वो मरने लगता है, मैं नहीं मारना चाहता उस रवि को।

किसी के आने की खुशी में उसके जाने के ठीक पहले तक, 'क्यूँ आए हो का दुःख' जाने के बाद नहीं झलकता हो। मैंने हमेशा से ऐसे ही रवि की कल्पना की है। जो आज़ाद है, पृथक है इस बनावटी दुनिया से।।

...

यह दुनिया कितनी सुंदर है, यह प्यार है।

तुम्हारे चेहरे पर मुस्कुराहट है, यह प्यार है।

संजीदगी जीवनशैली है, यह प्यार है।

मन में अहम नहीं है, यह प्यार है।

आपके कहे में ईमानदारी है, यह प्यार है।

.

प्यार,

सच्चाई और गलती को अनदेखा करती है।

और नफरत, लड़ाई करवाती है।

अर्थहीन कल

मेरी वजह से जो चीज़ बिगड़ी है, उन्हें सही करके मैं खुद से प्यार करना शुरू करूँगा, इसी कोशिश में वो चीज़े ठीक होने के बाद, फिर से मैं उनमे खुद को फसा हुआ देखता हूँ और मेरा खुद से प्यार करना स्थगित बना रहता है।

अगर अभी खुद से प्यार करने लगूँ, बिना वो चीज़े सही किए तो मैं स्वार्थी या बुरा इंसान कहलाऊंगा।

मेरा खुद से प्यार करने के लिए, मैं पहले स्वार्थी और बुरा इंसान का टैग लिये नहीं घूम सकता।

मैं आज़ाद रहना चाहता हूँ मेरे खुद से प्यार करने के साथ।

...

कल से सही से जी पाऊंगा या नहीं, का बोझ। आज को सही जमाने की कोशिश में, बहुत से ऐसे काम करने लग जाता हूँ जो अर्थहीन है। जिनका असल में कोई मतलब नहीं। और कुछ करने की कोशिश में, आने वाला कल कभी सही नहीं हुआ, ना ही मैं ठीक से जी पाया।

पापा

यूँही एक दिन सोच रहा था। बहुत दिन से पापा को देखा नहीं। उनसे दूर शहर में पढ़ाई के लिए जो रहता हूँ। उनका एक फोटो निकाला और देखने लगा...

कितने बूढ़े लगने हैं। क्या उन्होंने अपना जीवन जिया होगा?

या बस हमारे लिए ही करने में लगे हैं! वे(पापा) कब अपना जीवन जियेंगे?

दिन-ब-दिन बुढ़ापा, उनके चेहरे को छू रहा है। निराशा, यह शब्द दिखते हैं वो।

हँसी गायब, उदासी चिपकी हुई। पापा आजकल मुझसे बात नहीं करते।

मुझमे ढूंढते हैं, एक काबिल लड़का। जो अपने पैरों पे खड़ा होए।

रिश्तेदारों, दोस्तों, पड़ोसियों को कह सके पापा ख़ुश हो सके,

वे अपना जीवन जी सके, खुल सके उदासी चेहरे से छूट सके।

उनके पंख मैं हूँ, जिनसे वे उड़ेंगे, वे जियेंगे।

पापा, मैं कभी कह नहीं पाया।

'I love you papa'

यह लिखते ही, मेरी आँखें गीली हो गई।

2

भाग - दो (कविताएं)

The end leads to
happiness,
and that is infinite.

रवि अहिरवार

ठहरी हुई नदी

सुख की खोज

सुख, दाने की तरह होता हैं
जिन्हें हम, चिड़ियों की तरह चुगते रहते हैं।
कोई ज्यादा दाने डाल दे,
तो भीड़ बढ़ने लगती हैं, चिड़ियों की।

हम खो जाते हैं, उस भीड़ में।
और सुख, गुम हो जाता है कहीं।
फिर अकेले होने का सुख खोजते है,
और अकेले होने की होड़ में
दाना मिलना बंद हो जाता है।

लॉकडाउन

(01)

न रोशनदान से सूरज की किरण
न खिड़कियों से बाहर का नज़ारा,
न दरवाजे से कोई आता-जाता
काश कमरा बोल पाता।

सुनसान सड़के, सुनसान मोहल्ले
बसें बन्द, ट्रेनें बन्द
अकेला इस कमरे में रहा न जाता
काश किसी से मिलना हो पाता।

(02)

बिसरे यारों का बेवजह याद आना
अब कहां वो मिल पाते हैं
थे कभी, साथ में उठना-बैठना-मस्ती करना
अब कहां वो दिन आते हैं।

दिल को दिलासा और खामोश चेहरा
शाम-सबेरे वो दिन बताते हैं
थे हम, अपने शहर-गांव-घर
अब कहां वो दिन आते हैं।

_अच्छा बुरा_

हर अच्छे की तुलना
हम किसी बुरे से करते हैं,
तभी उसका अच्छापन दिखता है।
.

पर क्या पता जो अच्छा है
वो भी किसी के लिए
बुरे का काम कर रहा होगा!
.

इसलिए कह सकते हैं कि
अच्छा बुरा भी है
और बुरा अच्छा भी।
या फिर कोई कुछ नहीं...

<u>मेरे होने का एहसास</u>

तुम्हारे पास मेरे जैसा इंसान, मैं हूं।
और अब मुझे
मेरे जैसा इंसान मिल गया है
जो मुझे तुम्हारे जैसे समझता है,
और मैं उसे ऐसा समझता हूं
जैसा तुम मुझे।
.

और जो मुझे मिला है
उससे मुझे, मेरे होने का पता चला।

<u>नींद</u>

काश, मैं आसमान में सो पाता
अपने तरीके से...
किधर भी मुड़ सकता।

.

आज कल नींद
काफ़ी स्वार्थी ढंग से आ रही है
पूरी हो जाने के बाद, कुछ ले जाती है।

.

सोने की प्रक्रिया में, सोने को भूल जाना
आसमान की याद दिलाता है।
अपने तरीके से जीना...
ठीक से नहीं जी पा रहे, की याद दिलाता है।

आकर्षित

वो तुम्हारे पास नहीं है
इसलिए आकर्षित है
.

वो ढकी हुई है
इसलिए आकर्षित है
.

वो दूर है
इसलिए आकर्षित है
.

वो अभी तुम्हारी नहीं है
इसलिए आकर्षित है
.

हर वो चीज़ आकर्षित है
जो तुम्हें नहीं मिली है।
.

तुम एक बार उसे पाके देखो
तुम्हें एहसास होगा
उसके बाद भी कोई आकर्षित है।
.

आकर्षित होना, यह दर्शाता है
कि उम्मीदें कभी खत्म नहीं होगी।
.

इंसानों का जीना भी
निरंतर चलता रहेगा।
.

जिसको वह मिल जाएगा
वह मोहभंग से,

दूसरे की तलाश में होगा।

यह क्रम कभी खत्म नहीं होगा
और इंसानो की जिजीविषा
चलती रहेगी, और यह दुनिया भी।
असल में यही सच्चाई है
और यही दुनिया है।

मैं डर जाता हूँ

मैं डर जाता हूँ, जब
मेरे प्रति कोई गंभीर होता है।

मैं डर जाता हूँ, जब
मुझे जानने को कोई उत्सुक होता है।

क्योंकि शायद मैं कायर हूँ,
मैं उस लायक भी नहीं।

प्रायः हर स्थिति में,
मैं सामान्य बना रहता हूँ।

सामान्य इसलिए, क्योंकि
भीतर कोई भाव नहीं,
कुछ अच्छा बुरा नहीं,
भावनारहित प्राणी।

और फिर मैं डर जाता हूँ,
कि मैं ऐसा हूँ।

आवाज़

तुम हमेशा आगे चलती जाती हो।
मेरे आवाज़ लगाने पर,
तुम फिर से मेरे साथ हो लेती हो
फिर दोनों साथ चलने लगते हैं।
.

मैं अपने उस चलने को देखता हूँ
तुम्हारे पेर आगे जाने के लिए...
तुम्हे मुझसे दूर भगा रहे होते हैं।
.

किसी एक बात की धुन में...
तुम फिर से आगे चलने लगती हो।
तुम्हे याद नहीं रहता या भुलाए रहती हो,
कि पीछे-पीछे मैं आ रहा हूँ
अपने सारे जिए को ढोते हुए ।
.

मैं फिर वही, टूट न जाए वाली; आवाज लिए
तुम्हे पुकारता हुं, तुम पलटती हो
और मैं देखता हुं तुम्हारा हाथ, खाली न होकर
किसी का हाथ थमाए हुए है
जिसकी धुन में, तुम आगे चले जाया करती थी ।
.

क्या तुम सच में अपनी उस धुन में
आगे चले ही जाना चाहती हो, तो...
पलटकर यह भर कह जाओ...
"अब आवाज न लगाओ,
बार-बार... हर बार की तरह।"
और अगर नहीं। तो, कह दो,

"साथ चलो, बार-बार... हर बार की तरह।"

छोटे छोटे सुख

<u>*दोषी*</u>

मैं चुप रहना चाहता हूँ
भाग जाना भी नहीं चाहता
रुकना भी नहीं चाहता।

मैं देख रहा था, सुन रहा था
'समझ नहीं रहा था'
ऐसा भाव दिखा रहा था।

मैं चुप रहा, बिल्कुल चुप
बिना शिकन के।

अपराधबोध बहुत दूर था
वो वहीं छिपा रहा, देखता रहा
कि कब मैं भागूँ और दोषी सिद्ध हो जाऊँ।

<u>मैं तुम्हें समझता हूँ</u>

मैं तुम्हें समझता हूँ, से शुरू होकर
काश तुम मुझे समझ पाते, में तब बदलता है
जब हम खुद को कहीं खो चुके होते हैं,
और ढूंढने की कोशिश दूसरों में तलाशते हैं।

झूठा प्रकृतिप्रेम

पहाड़ो में सुख की नींद लेने,
खुद को सुकून भरा महसूस करवाना
नदियों में मछलियों को पकड़ना,
और उनको, लगे छोटे टेंट के बाहर
आग की लौ में सेंककर खाना,
इंस्टाग्राम पर यह सब क्रियाकलापों की तस्वीरें लगाकर
खुद को प्रकृतिप्रेमी कहना।

इंसानो के द्वारा बनाए गए
इमारतें, सड़ते, पुल, इंस्टीट्यूशन आदि
वो नहीं आए पसन्द सुकून-शांति के लिए
इंसान, सुख व शांति के लिए लौट रहे हैं
पहाड़ों में, जंगलों में, बर्फ़ीले मैदानों में।

किरदार

कुछ किरदार अपने से लगते हैं
उन्हें हम रख लेना चाहते हैं
उनसे चिपके रहना चाहते हैं
उनके जैसा करना चाहते हैं।
.
पर एक त्रासदी है,
हम ये सब चाहते हैं
वो भी घर बैठे।

<u>मेरा चुप</u>

तुम कभी मेरा चुप सुनना
मेरे चुप के साथ बैठना,
उसे महसूस करना,
उसकी हरकतें देखना।
.

हो सके तो
मेरे चुप से कुछ पूछना
धैर्य से, मन्द गति में।
.

वो बोलेगा,
बहुत ही सटीक
बहुत ही स्पष्ट, बहुत ही निकट
कारण सहित।

<u>मैं का भाव आना</u>

मुझे आजकल नींद नहीं आ रही है
क्या किसी चीज़ का इंतजार है?
.

मुझे अब जल्दी बुरा लग जाता है
क्या मैं अभिमानी होने की प्रक्रिया में हूँ?
.

मुझे अकेलेपन में आनंद आ रहा है
क्या मैं असामाजिक हो गया हूँ।
.

मैं सबसे चिढ़ रहा हूँ
क्या मैं किसी चीज़ से भाग रहा हूँ?
.

अब किसी से ज्यादा फ़र्क नहीं पड़ रहा है
क्या मैं सामान्य हो गया हूँ?
.

मैं अकेले में अब जल्दी फूट पड़ता हूँ
क्या मैं आंतरिक कमजोर हो गया हूँ।
.

अगर इस 'क्या' का उत्तर 'हाँ' है
तो क्या मैं, 'मैं' बन गया हूँ।

<u>जादू</u>

जब भी कुछ बुरा घट चुका होता है,
तब एक बच्चों सी हरकत दिमाग में आती है
कि हममें एक जादू होता और सब ठीक कर देते।

<u>अनजान</u>

मैं उसकी आंखों में ढूंढता रहा खुदको
पर मैं नहीं दिखा
मैं गायब, अनजान था।
.

क्योंकि उसकी आँखों ने
मुझे पहचानने से इनकार कर दिया।

इंतजार

कोई बात कहाँ तक सही रहती है?
उसके घट जाने के ठीक पहले तक,
या कभी न घटने से!

.

हमेशा नए की तलाश में
पुराना छूटता जाता है।

.

मैंने घटने की प्रक्रिया को
नए में तलाशने की कोशिश की,
पर पुराने के छूटने के डर से
नये को अनदेखा करता गया;
और घट जाने का इंतजार करने लगा।

हम 'थे' हो जाएंगे

हम दोनों के बीच एक माध्यम है
जिससे हम जुड़े हुए हैं।
संदेश।

.

हम दोनों के बीच एक रिश्ता है
जो हमें पसंद है।
मित्रता।

.

हम दोनों के बीच कुछ बातें हैं
जिसका कोई अंत नहीं है।
हँसना।

.

हम दोनों में कुछ समानताएँ है
जो सिर्फ हम जानते हैं
जिसे हम जीते हैं।
दुःख, सामाजिक नियम, डर, धारणाएं।

.

हम दोनों में एक त्रासदी है
कि हम 'है' नहीं
हम 'थे' हो जाएंगे।

मुस्कुराहट

मैं उसके मुस्कुराने का इंतजार कर रहा था,
उसके मुस्कुराते ही मैं समझ जाऊंगा
कि इसको मेरा सच पता है,
जिसे मैं झूठ के सहारे सही कर रहा था।

समय के मध्य में
वो नहीं मुस्कुराया
और मैं असमंजस में बना रहा।

आखिर में जब वो मुस्कुराया
तो मेरा सच भी उसे झूठ लगा
और मेरी एक भी बात
सुने बिना वो भाग गया।

<u>क से ख तक का सफ़र</u>

वो मुझसे एक कदम आगे है,
मैं 'क' बोलता हूँ
वो 'ख' बोलने आतुर रहती।
.

फिर एक दिन मैंने 'ख' बोल दिया,
और वो वहाँ से चली गई।
.

उसके बाद मैं फिर कभी भी,
वापिस 'क' पर नहीं पहुंच पाया।

<u>*मई 2024*</u>

घरों में दरारें पड़ गई, सूख चली हैं नदियाँ
गिरने वाले हैं घर, बीत रही हैं सदियाँ।

सपने अतीत ने निगल लिये,
भविष्य को पर्यावरण ने,
ढूंढने को भी नहीं मिल रही
कहाँ खो गई हमारी खुशियाँ।

विसंगति

_नियंत्रण_

हम जितना दिखाते हैं
उससे कई ज्यादा,
अंदर घट रहा होता है।
.

अंदर का घटना,
बाहरी परिवेश को
नियंत्रित रखता है।
.

'लड़के रो नहीं पाते'
इसका एक उदाहरण है।

<u>पड़ाव</u>

एक समय बाद...
हर बात एक अच्छे मोड़ पर
सब खत्म करने की चाह रखना
बीत चुके प्रसंगों को
दुर्बल बनाता है।
.

एक पड़ाव के बाद,
हम अच्छी बातें करने लग जाते हैं
ताकि, फिर से दुःख न हो।
.

समझ आ जाता है,
अब कोई फायदा नहीं...
बार बार उसी पड़ाव से
गुजरते हुए जाना।

विश्वास

जा रहा हूँ।
कहाँ?
तुम चलोगे?
जाना कहाँ है?
तुम्हें, मुझपे विश्वास नहीं है?
है ना।
.
फिर से पूछता हूँ, तुम चलोगे?
नहीं।

<u>समय की सहजता</u>

तुम्हारे आज होने में
कल का रंग छोड़ता चलता है।
तुम्हारे आने वाले कल में
आज की परछाई नज़र आती है।
.

तुम्हारे अथाह समय में
क्षणिक मात्र को खो देना
बीते दिनों को सहज बनाता है।
.

तुम्हारे साथ चलने वाले
आगे बढ़ जाते है...
तुम्हारे खो देने वाले क्षण को
सहज न बना पाने में।

वास्तविकता

मैं वो या वैसा नहीं हूँ।
अगर तुमने कह दिया कि मैं वो या वैसा हूँ
तो मैं वहाँ से भाग जाऊंगा।
भागूंगा इसलिए क्योंकि मैं वैसा बना हूँ तुम्हारे लिए
मुझे वैसा बनाने की कोशिश की है इस समाज ने,
यहाँ की व्यवस्था ने, यहाँ के अनकहे नियमों ने।

.

अगर तुम समझ गए...
कि ये अंत तक पहुंचने की प्रक्रिया का एक हिस्सा भर है
तो मैं नहीं भागूंगा, मैं रुका रहूंगा,
अपने 'वास्तविक' ख़ुद को दिखाने तक।
अंत, शुरुआत में किसको पसंद?
जिसको पसंद है, फिर वो वास्तविक या अच्छा नहीं रहेगा।

दुःख

छूट चुके समय का दुःख
हम दूसरों को कष्ट पहुँचा कर
सुख की अपेक्षा करते हैं।

एक नई उम्मीद की खुशी में
उस दुःख की अवधि को बढ़ाता है
जिसे अनदेखा किया गया था।

इंसान, दुःख की तरफ खिंचता है
और जो इंसान नहीं होना चाहता
उसे आकर्षित करता है।

इसे ही आश्चर्य का आकर्षण
या फिर वंचना का दुःख कहते हैं
जो इंसान पर
खुद ही लद जाता है।

अच्छे बुरे की लकीरें

हम खुद को कभी बुरा नहीं बनाते।
अच्छा होने के ठीक पहले तक,
बुरे की लकीरें हमको दिख जाती है।
.

हम बार-बार अच्छे की ओर भागते हैं।
भागते-भागते अच्छे की लकीरों से...
कब बुरे में प्रवेश कर जाते हैं,
पता भी नहीं चलता।
.

अच्छा और बुरा होना, बगल में पड़ा रह जाता है
जब दोनों से भागते हुए...
असमंजस स्तिथि में घुस जाते हैं।
और यहाँ से तो सब धुंधला ही दिखाई देता है।
फिर कुछ भी अच्छा या बुरा नहीं लगता।

ख़ुशी का घर

सब अपने बचाव में बात कहते हैं,
मैं भी।
सही गलत कौन है?
ये दूर-दूर तक नहीं दिखता,
दिखता है तो सिर्फ़...
एक आने वाला 'ख़ुशी का घर'
जिसमें सब बन्द होना चाहते हैं,
एक न एक दिन।
जिसकी तैयारी,
समय के साथ साथ चलती रहती है।
अलग अलग अनुपात में,
अलग अलग परिस्थितियों में।

आतुरता

जहाँ भी खाली जगह दिखती
हम उसे भरने को आतुर रहते।
जैसे,
हमारी भावनाएं, हमारी इच्छाएँ।
.

जगह भरी होने के उपरांत
उनसे मोहभंग होना,
आतुरता पर प्रश्नचिन्ह लगाता है।

<u>मेरा नासमझ होना</u>

पता नहीं कब.!
दूसरों के लिए मैं, तुम बन गया,
और दूसरे मेरे लिए, मैं बने रहे।
.

पता नहीं क्यूँ.!
अभी भी मैं, तुम होना चाहता हूँ,
पर दूसरे मुझे, मैं ही देखना चाहते हैं।
.

पता नहीं शायद.!
मैं, तुम बनना...
दूसरों के लिए तकलीफदेह है।
और मेरे लिए क्या अच्छा होना,
कभी मुझे समझ नहीं आया।

शहर

यहाँ विलाप है
संघर्ष है
असंतोष है
विसंगति है
दुःख है
डर है
भाग-दौड़ है
थोपा हुआ सुख है
शायद...
यह शहर है।

अधूरापन

कभी कभी कुछ चीज़ों को समझने के लिए,
कितना कम समय मिलता है।
हम तो दौड़ लगा रहे होते हैं,
उस समय के बीत जाने में ही।

पर जो समय पर होता है उसके लिए
दौड़ना या किसी चीज़ का इंतजार करना;
बस एक अधूरेपन की
कभी न होने वाली तसल्ली भर होती है।
जो बीच बीच में हमको
दौड़ने के लिए जगाती रहती है;
फिर से इंतज़ार करने के लिए।

समझना

मैं उनको सच में समझता हूँ?
या खुद को ही,
जबरजस्ती समझाता हूँ
कि मैं उन्हें समझता हूँ।

अंतिम सफर का दुःख

<u>मैं का मैं बनना</u>

मैं अब वो हूँ, जो तुम थी।
तुम अब वो हो...
जैसा तुम्हें, मैं चाहिए था।
और जैसा मैं था, अब कोई और है,
जो मुझे तुम्हारे जैसे, बनने से बचाता है।
.

पर मैं, तुम्हें नहीं बचा पाया
शायद मैं नहीं चाहता था,
कि तुम मेरे जैसे बनने से बचो।
.

क्योंकि बड़े दिनों बाद ...
मैं, मैं बन पाया हूँ।
और अभी तुम हो, लगभग कहीं बीच में।

<u>बोलना चाहता हूँ</u>

मैं डर जाता हूँ, हारने से।
अगर मैंने मेरी चुप्पी तोड़ी
तो मैं हार जाऊंगा।

मैं बोलना चाहता हूँ,
बहुत ही तेज़,
बहुत ही सटीक।

लेकिन मेरा अगला ही कदम,
भागने की तैयारी कर रहा होता है
चुप्पी के टूटने के डर से।

पर मेरा हारना और बोलना
एक जगह समानार्थी बन जाते हैं, प्रेम में।

<u>उदास बात</u>

मैं उदास-सा, उसके सामने
जब अपनी बात रखता हूँ...
.

जब तक मेरी बात साफ हो,
कहीं से भागती हुई उसकी...
कोई एक बात सामने आ जाती है
और मेरी बात को...
कुचल जाती है, दबा जाती है।
.

फिर कोई जगह नहीं रहती
कि मेरी बात बाहर आ पाए
वो दबी हुई ताकती रहती है, उदास-सी।

पानी बनने की इच्छा

धूप होना, एक छाया को छोड़ देना है।
और मैं एक छाया हूँ,
जो धूप के कारण एक दूसरी छाया की तलाश में हूँ,
सिर्फ सूर्य से बचने के लिए।

.

भीड़ सघन होने से...
धरती पर धूप पड़ने को रोकती है।
लोग छितराते हैं, छाया खो जाती है।
और फिर मैं सूर्य को अपशब्द कहने लगता हूँ।

.

मुझे धूप चाहिए, छाया चाहिए,
और उसके साथ सूर्य का होना भी चाहिए...
पर क्या यह संभव है?
अगर हाँ, तो मैं छाया न होकर पानी होना चाहूंगा।

.

पानी होने में, छाया और धूप से मुक्ति का सुख है।
क्योंकि पानी पारदर्शी तरीके से चीज़ों को लेता है।
शुद्ध, पवित्र।
बिना किसी भेदभाव के।

<u>प्रवृत्ति</u>

हम सब, कुछ चीज़ें
इसलिए समझ जाते हैं,
क्योंकि उससे जुड़ी कुछ-कुछ चीज़े
हमनें समय समय पर सीख ली थी।
शायद इसलिए ही हम कुछ चीज़ों को
ख़ारिज कर देते हैं और कुछ को स्वीकार।
(जैसे कि ये ही...)

<u>*शब्दों का खेल*</u>

रुकते करते हुए चलना,
किसी का इंतज़ार करना होता है।
और फिर मुड़के न देखना,
उसको खो देना है।
.

जैसे शाम, रात का बहुवचन होता है।
ठीक वैसे ही रुकते हुए चलना,
इंतजार करने का समानार्थी बन जाता है।
.

रात तो निकल जाती है अगले शाम के इंतजार में।
पर इस शब्दों के खेल में,
किसी का मिलना खो जाता है,
साथ चलने के इंतजार में।

<u>त्रासदी</u>

मैं बार बार...
'ख़ुशी के घर' की तरफ
भागने लगता हूँ।
जहाँ आराम है, आलस्य है
और कुछ भी न करने की इच्छा।
.

एक दिन वो घर
मैंने छोड़ दिया, जानबूझकर।
और भाग गया, दूर कहीं क्षितिज में
एक बड़ी त्रासदी की ओर।
जहाँ सिर्फ पानी ही पानी है
बहता हुआ, कभी न रुकने वाला।

<u>*आशंका*</u>

समस्या कहां होती है...
हमारे कुछ न कहने में?
या कहने के बाद बनी उस,
ना समझने वाली बात में?
.

सब कुछ वहीं स्थिर तो है।
अब डर लगता है, कहीं कोई दुख,
चलता हुआ न आ रहा हो।
दौड़कर आने पर तो, कुछ भी स्थिर नहीं है।
.

अब मेरे हर फैसले, उसी डर से प्रभावित होते हैं।
पहले डर आता है... फिर मेरा फैसला।
फिर समस्या आने न आने की आशंका।

नीरसता और अकेलापन

मुझे एक ऐसा समय अंतराल
बेजान-सा लगता है;
जो आता है और किसी के मिलने के बाद
फिर खाली जगह होने का डर दे जाता है।
.

सोचता हूँ कि उससे मिलूँ ही न
और उस बेजान-से समय से छुटकारा पा लूँ।
.

लेकिन इस सब प्रक्रिया में,
मैं कहीं पड़ा रहता हूँ।
और वो प्रक्रिया वापिस मुझपे लाद दी जाती है;
मेरी अनुमति के बिना ही।
और फिर वो खाली जगह
बार-बार मिलती है एक बेजान-सी।
जिसमे सिर्फ;
नीरसता और अकेलापन भरा रहता है।

खुशियाँ

तलाश

मैं हमेशा मेरे हिस्से की खुशियां तलाशता रहा हूँ।
पर उन खुशियों से जुड़ा हुआ,
एक अधुरा सा दुःख मिल जाता है
जो आगे की न आने वाली यादें लिए भटक रहा होता है।
.
और मेरा तलाशना सिर्फ जमीन पर पड़ा हुआ
एक कांच का टुकड़ा है
जिसपर चलना भी है
और न चुभने का अहसास भी करना है।

असहमंजस

कुछ नहीं बोलने के बाद भी
बोलना चाह रहे हो,
और चाहने के बाद भी
नहीं बोल पा रहे हो,
तो तुम्हरा बोलना बेकार है।

एक उम्मीद

एक दिन सब ठीक हो जाएगा, कि उम्मीद
कभी ठीक होगा भी या नहीं, का डर
वर्तमान को घसीट रहा होता है।

हम सब
चीज़े बदलने का इंतजार कर रहे हैं
कि एक दिन हमारी ज़िंदगी बदल जाएगी
और सब सही हो जाएगा।

<u>*अनकही बात*</u>

हम दूसरी बात बोलकर,
सब बिगाड़ देते हैं।
और पहली जो बात होती है
वो बोली नहीं जाती।

'पहली' बात चुप होना
फ़र्क न पड़ना है
'दूसरी' बात चुप होने
फ़र्क न पड़ने आदि को कह देना है।

स्मृतियां

मैं कभी आगे चल रहा होंगा
और तुम अचानक से मेरे पीछे से आना।
बगल में सब धुंधला दृश्य होगा
आसपास की आवाज़ भी धुंधली।

.

घर से निकलने वाली गली के मुख्य सड़क पर मैं होंगा
तुम पीछे से एक बचकानी हरकत करना
और मैं डर जाऊंगा।
तुम मुझे डरा हुआ देखकर खूब हँसोगे
फिर मैं भी हसूंगा, साथ साथ।

.

मैं स्मृतियों के जंजाल में
खुद फंसता हुआ देखूंगा
पर तुम यथार्थ में रहोगे, एक बच्चे की तरह।

.

कुछ दिनों बाद
हमारे मिलने का अंदाज बदल चुका होगा
अब आसपास का सबकुछ स्पष्ट सुनाई देगा
हम सड़क पर संभलकर चलना शुरू करेंगे
तुम्हारा हाथ मेरे बाजू को संभाले होगा
फिर मुझे वो स्मृतियां याद आएगी
जो अब खत्म हो चुकी है
धुंधले दृश्य, धुंधली आवाज़, बचकानी हरकत।

ख़ुश रहना, कितना जरूरी था

मुझे बहुत बाद में समझ आया
कि हँसना कितना जरूरी था।
जब हँसे नहीं थे, तब।

.

मुस्कुराना,
ख़ुश रहना, कितना जरूरी था।
जब ख़ुश नहीं थे, तब।

.

यह तो एक चक्र है।
चक्र है, यह मुझे बहुत बाद में समझ आया।
और मैं अब भी नहीं हँस रहा।

<u>Three stages</u>

* आप ही हो जो मुझे समझते हो।
* आप मुझे कभी नहीं समझोगे।
* आपको जो समझना है समझो।

<u>Three stages</u>

बदलाव

हम खुद को बदलना सीख रहे थे
पर वो पहले, बदल चुके थे।
तनाव, उसके पहले बदल गए में था।

मैं बदल रहा था, लेकिन
इसका इस समय कोई अर्थ नहीं रहा।